AF411010

REFLEXIONS

SUR LA RECRIMINATION EN PRETENDU
Complot imputé au Pere ESTIENNE THOMAS CADIERE
Prêtre, Religieux de l'Ordre de Saint Dominique.

Par le Pere JEAN-BAPTISTE GIRARD *Jesuite, Recteur du Seminaire
Royal de la Marine de la Ville de Toulon.*

LA défense du Pere Girard n'est plus aujourd'hui un probléme, chacun sçait à quoi s'en tenir ; elle aura sans doute produit sur l'esprit de ses Juges tout l'effet qu'il doit attendre de leur pénétration & de leur integrité, & le Public satisfait autant qu'on peut le croire de la sincerité de sa justification, en a déja porté le Jugement qu'elle merite.

A la verité l'on avoit crû que cet Ouvrage annoncé depuis un si long tems, répondroit aux grandes idées que l'on avoit pris soin d'en donner, & quoi que l'on eût pensé que ce qui en devoit faire la matiere, passant par des mains un peu suspectes, ne pourroit gueres souffrir l'exactitude du vrai, l'on avoit presumé que du moins les aparences du vrai semblable y seroient gardées.

Mais l'on ne sçauroit revenir de l'étonnement où l'on est, après la lecture du Mémoire imprimé. Qu'il nous soit permis de préluder un peu par quelques reflexions générales sur sa construction, sur les divers traits par lesquels le Pere Girard veut qu'on le connoisse, & sur les inductions qu'il prétend qu'on en doit tirer.

Au lieu d'une justification reglée à laquelle on s'attendoit, on voit une apologie à trois étages, dont la triple structure fait regreter les principes de la droite raison, on est même tenté de dire, les plus communes notions de l'ordre Judiciaire qui demande des preuves & non des raisonnemens dans les matieres criminelles :

Il est vrai que la necessité de soûtenir une Procedure abusive, a exigé qu'une main plus faite aux Maximes y mêlât quelque chose du sien ; mais on est en peine de les reconnoitre, autant parce qu'elles sont assez frivolement apliquées, que parce qu'on les voit, pour ainsi dire, comme inondées d'un côté par un style Romanesque & fardé, & de l'autre par un langage furieux & emporté qui nous montre à la queüe le venin dont on a fait semblant de purger la tête de cet Ouvrage, en promettant *de conserver à la charité & à la bienseance leurs droits les plus sacrez.*

A l'égard du caractére du P. Girard, on lui passeroit volontiers qu'usant à la maniere du principe Evangelique, selon lequel la premiere charité commence par soi-même, il se soit donné à pleines mains l'encens que le public lui refuse.

Mais à force de répandre, & de repeter dans presque toutes les pages de ce Memoire, *Qu'il s'est acquis une haute reputation de vertu par son zele & par ses travaux pour le salut des ames : Par la pureté de sa doctrine & de ses mœurs : Par son attachement aux principes de sa Religion, & à la pratique des vertus les plus austeres : Par son rare talent pour la Predication : A force de redire & de rapeller qu'on doit le regarder* comme un Ange de lumiere, *comme un vertueux personnage*

A

& un Prédicateur foudroyant le vice ; prétend-il persuader qu'il est impeccable ? Que
sa pieté est au-dessus de celle de David : Sa sagesse supérieure à celle de Salomon :
Qu'il est plus sçavant & plus éloquent que les Origenes & les Tertuliens, ces premieres colomnes de la doctrine Evangelique ; & que l'humaine fragilité qui les a
entrainés dans de si grandes chûtes, a tellement été soumise & subjuguée en sa
personne, que devenu plus fort & plus parfait que Saint Paul, il n'ait plus eu
aucun sujet de craindre le dangereux éguillon qui tourmentoit ce Saint Apôtre.

Il ne paroit que trop pour le malheur du P. Cadiere & de sa famille, que l'Ange
de Satan donné au Docteur des Nations, ne s'est pas fort mêlé de souffleter ce
Prédicateur foudroyant le vice ; & il doit resulter de la Procedure plus qu'il ne
le voudroit jusques à quels excez il a sçû le porter.

En quoi certes l'on ne peut assez admirer l'aveugle confiance qui l'a induit à
se flater, qu'en inspirant de la credulité sur son prétendu merite, & les sublimes
perfections qu'il ose s'attribuer, il rendra ses crimes incroyables à force de nier
les faits les plus graves & les mieux constatés, ou de les interpreter malgré l'évi-
dence des preuves qui le confondent.

Que doit-on penser en effet de tous ces raisonnemens étudiés, de ces efforts
d'imagination, qui montrent bien mieux, que ce Jesuite coupable & convaincu,
sent toute l'impossibilité où il est de se justifier ; qu'ils ne presentent la moindre
lueur de verité, & que son unique espoir est de cacher tant qu'il peut la corruption de son cœur aux dépens même de son esprit vivement frappé par la vûë de
ses desordres.

Ils sont tels que ne trouvant plus de ressource pour les pallier, il a fallu se reduire à la chercher dans leur propre énormité.

Qui croira (nous dit aujourd'hui ce pieux & zelé Directeur) qu'il *ait passé dans
un instant de l'état d'une sainteté presque Angelique, à celui de vil esclave des Demons.*

S'il a souffert que sa Pénitente se soit livrée à une Obsession, quand même il le
lui auroit conseillé, c'est parce qu'il sçavoit que des Saints l'ont ainsi pratiqué.

S'il ne l'a pas désabusée des Visions, des Extases, des Ravissemens, des Revelations, & de tous les accidens extraordinaires qu'elle lui racontoit, dont il étoit
le témoin occulaire, où il voyoit que cette Obsession l'avoit plongée, c'est parce
qu'il suspendoit son jugement, & qu'il en doutoit.

S'il s'est enfermé seul à seul & sous la clef huit ou neuf fois dans la chambre de
cette Fille âgée de 18. ans, ce n'a été que pour éclaircir ses doutes, pour examiner ses stigmates, pour voir ses playes.

S'il a passé ainsi des heures entieres avec elle, la voyant dans son lit dans l'état
d'obsession & les mouvemens convulsifs dont il fait lui-même la description & le
détail, il n'y avoit rien à craindre, elle étoit habillee, il attendoit que l'accident
eût passé pour lui parler de Dieu, la chose étoit secrete & sans scandale, c'étoit
une espece de necessité dont les motifs legitimes se trouvent dans le zéle & l'exer-
cice des œuvres de charité, à moins que la malice du cœur humain ne veüille
donner à la vertu tous les caractéres du vice, il est enfin plus raisonnable & plus
Chrétien de penser qu'il a commis tout au plus une imprudence.

Comment conclurre de tout cela que le Pere Girard soit coupable, & qu'il se
soit abandonné à la passion qu'on lui supose, à moins que de parler le langage des
gens du monde.

Mais puisqu'il lui plait de prendre ainsi à partie les gens du monde, qui sur
une conduite si criminelle, ne pensent pas differemment des gens consacrés à
Dieu, puisqu'il supose que les gens du monde n'ont pas le sens commun ; pourquoi donc est-il accusé, car le voilà assez bien disculpé, personne ne doute plus de
son innocence, il n'est pas possible de croire qu'un aussi saint personnage se soit
ainsi livré à des crimes si énormes.

On avoüe qu'avec tout autre qu'un Jesuite on seroit en peine de deviner ce
qu il faudroit répondre pour donner une alternative qui pût faire changer d'objet
à l'accusation ; mais les exemples du passé ont apris à tout le monde que ces bons
Peres ne demeurent jamais courts sur les expediens.

Auſſi l'a-t'on bien-tôt trouvé, il eſt certain (nous dit-on) que quand on fait attention au caractére de vertu du P. Girard, à ſa reputation conſtante de pieté, & à ſon innocence, que les traits les plus perçants n'ont pû entamer ; on ne peut ſe deffendre de penſer qu'il n'y ait un complot formé contre lui. Voilà donc tout ſon crime ; c'eſt un Complot.

Mais qui ſont les Autheurs de ce complot, & par quels motifs l'ont-ils formé ? C'eſt le P. Cadiere Dominicain, c'eſt ſon frere l'Abbé, c'eſt le P. Nicolas Prieur des Carmes Déchauſſez de Toulon nouveau Confeſſeur de la Sœur que les deux Freres ont choiſi pour ſucceder à la Direction du P. Girard.

Les Fretes ont comploté pour faire paſſer leur Sœur pour Sainte à Miracles ; ils ſe ſont prêtés à tous les differens perſonnages que leur Sœur a voulu joüer, ils ont exalté ſa ſainteté, fait valoir ſes miracles dont ils ne pouvoient ignorer la fauſſeté.

Ces deux Freres ont bien plus fait, ils ont compoſé des Memoires & des Lettres pour rendre ces miracles croyables & leur donner cours dans le monde, & ils ont trompé le P. Girard en lui faiſant accroire que tout étoit écrit de la main de leur Sœur.

Ils l'ont enfin ſuivie & fortifiée dans ſon état de Poſſeſſion prétenduë, l'ont Exorciſée ſans miſſion comme fit l'Eccléſiaſtique ; & c'eſt le deſeſpoir où ils ont été, de voir que Mr. l'Evêque de Toulon ayant découvert leurs artifices, leur revoqua les Pouvoirs de Precher & de Confeſſer ; qui les a fait entrer dans toutes les vûës de leur Sœur, ils les lui ont même inſpirées pour perdre le P. Girard.

Le P. Nicolas eſt mis dans la même categorie ; il y a plus que complot dans ſes démarches, c'eſt une eſpece de fureur, on ne peut s'y méprendre en faiſant attention à la conduite qu'il a tenuë, il eſt le principal autheur de toute cette intrigue vraiment diabolique.

Voilà quels ſont les pretextes ſur leſquels le P. Girard s'eſt imaginé de pouvoir établir ce prétendu complot : Pretextes qui tous faux qu'ils ſont, & connus pour tels par lui-même, ſont toutefois par lui donnés pour auſſi certains comme ſi c'étoit la verité-même qui les eût avancés.

Il en conclud avec la même aſſurance, que les Freres Cadiere & le P. Nicolas ſont tous coupables de crimes, d'Irreligion, de profanation de nos ſaints Miſteres, de mépris des Cérémonies de l'Egliſe, & de la plus noire Calomnie dont on ait oüi parler : l'emportement de ſon apoſtillateur va plus loin, il les traite d'infames Calomniateurs.

Tout cela ne ſurprend point, on ſçait que ces Peres ont des principes qui leur permettent bien d'autres choſe. Nous nous étions bien attendus que dans la ſuite de la conteſtation, la neceſſité de ſe deffendre fairoit oublier la promeſſe de ne point bleſſer les droits de la charité & de la bienſéance ; nous ſçavions que les paroles que donnent les Jeſuites ne ſont pas des contracts.

Le P. Cadiere laiſſe aux Deffenſeurs de ſa Sœur & de ſon Frere, & à celui du P. Nicolas le ſoin de développer les impoſtures qu'on a accumulées contr'eux dans ce Mémoire imprimé : Il ſe réduit à éclaircir celles qui le concernent ; elles ont donné lieu à le faire decreter d'un Ajournement en perſonne. L'apel qu'il a relevé de ce Decret, & l'adherance qu'il a donné à l'Apel incident comme d'Abus que la Demoiſelle Cadiere ſa ſœur a émis de la procedure priſe par l'Official de Toulon, ſont les deux ſeules qualitez qui le regardent perſonnellement ; les autres qui ſont la matiere la plus conſiderable de ce fameux procez, ſont confiées à de meilleures mains.

Deux points renferment toute ſa deffenſe, la Nullité, & l'Injuſtice du Decret laxé contre lui.

Le Decret eſt nul, parce qu'il eſt apuyé ſur la procedure de l'Official de Toulon, qui eſt abuſive, & par conſequent inſoutenable.

Le même Decret eſt injuſte, parce qu'il n'a d'autre principe & d'autre fondement que le Complot qui lui eſt calomnieuſement imputé par le P. Girard, pour pallier ſes crimes.

NULLITE' DU DECRET.

Elle dépend , comme l'on vient de dire , de fçavoir s'il y a Abus dans la procedure de l'Official.

Or cet Abus a été expliqué en tant de manieres , les Moyens en ont été fi bien éclaircis , les faux principes fur lefquels le P. Girard a taché de les refuter , ont été repouffés avec tant de force & de clarté , que ce feroit inutilement que l'on entreprendroit d'y ajoûter de plus amples reflexions.

Il fuffit d'obferver que de quelque côté qu'on fe tourne pour coûvrir cet Abus , quelque biais que l'on prenne pour éluder l'aplication des regles du Droit public & des Loix du Royaume , on ne viendra jamais à bout de perfuader ,

1o. Que l'Official de Toulon ait pû faire une procedure en defcente à la requifition de fon Promoteur , dans la maifon de la Demoifelle Cadiere , pour prendre d'elle Juridiquement un Interrogatoire avec ferment.

2o. Que le Juge d'Eglife , qui fuivant tous les Canoniftes , tous les Praticiens François , & la Jurifprudence des Arrêts fondés fur les Libertés de l'Eglife Gallicane , puiffe exercer un Acte de Jurifdiction contentieufe hors de fon Pretoire.

3o. Que quand même , ce qu'on ne concevra jamais , cet Official auroit pû proceder contre une perfonne Laïque , il lui ait été permis de commencer fa procedure par un Interrogatoire , & intervertir ainfi contre l'expreffe difpofition de l'Ordonnance , l'ordre de l'information , qui auroit dû en toute maniere précéder.

4o. Que par cette forme de proceder auffi nouvelle dans la Juftice Ecclefiaftique , qu'elle eft abufive , il ait été permis à cet Official de prepater des faits juftificatifs au Pere Girard , fur lequels fon Promoteur a demandé enfuite l'information , dont l'évenement par la maniere & la qualité des Têmoins qu'il a produits , juftifie affés quel avoit été l'objet de cette defcente.

5o. Que contre l'expreffe difpofition des Arrêts & Reglemens de la Cour , ce Promoteur ait fait depofer & entendre des Témoins fur des faits non exprimés dans fa Requête , encore moins dans l'Expofition & la plainte de la Demoifelle Cadiere Querelante.

Enfin ce qui franchit toute forte d'ordre & de regles & qui eft pour ainfi dire le comble de l'Abus , on ne trouvera pas d'exemple qu'un Promoteur dont le miniftere eft public & dont toute l'aplication doit être employée à purger les preuves de tout ce qui peut obfcurcir ou éluder la verité , ait fait prendre à la fois deux procedures au lieu d'une feule , & n'ait fait fervir les Témoins qu'il a produits dans la fienne que pour combattre & détruire directement celle qui a été prife contre le Querellé.

Si cette licence eft tolerée dans les Tribunaux Ecclefiaftiques , il ne faut plus parler de l'obfervation des Ordonnances ; vainement nos Rois ont fi expreffément voulu que les Juges d'Eglife fuffent obligés de s'y conformer , il fera bien facile de les éluder , s'ils ont la liberté d'y contrevenir impunément , & fi par des voyes inconnuës à l'ordre judiciaire , ils font les maitres de fournir aux Coupables des moyens auffi extraordinaires que ceux qu'on a prêtés au P. Girard , pour fe fouftraire à la punition de fes crimes.

INJUSTICE DU DECRET.

Le complot que le P. Girard impute au P. Cadiere , eft la caufe unique de ce Decret ; autrement fur quoi pourroit-on le fonder ? Le P. Cadiere n'a point été accufé ; ce ne peut donc être que des inductions tirées des dépofitions de quelques témoins produits par le Promoteur pour juftifier le P. Girard , que ce Decret a procédé. Car il eft certain , & on le prefupofe ainfi , que dans toute la procedure prife par M^{rs}. les Commiffaires , il n'y a pas un feul témoin qui ait chargé le P. Cadiere.

Il faut donc éclaircir quelle est cette cause, c'est-à-dire quel est ce complot, faire voir que c'est une calomnie inventée par ce Jesuite pour se disculper, & d'Acusé qu'il est, devenir lui-même l'Accusateur, aidé par les moyens qu'on lui a fourni : Maxime detestable qui enseigne à faire trouver l'impunité du Coupable par le secours de l'imposture & de la calomnie employée contre l'innocent.

Pour découvrir cette imposture, le P. Cadiere ne demande aucune prévention d'estime ni de consideration pour sa personne, pour son caractére, & pour l'Habit de la Religion dont il a l'honneur d'être revêtu ; les Maximes de son Ordre si recommandable par lui-même, lui ont apris que les superbes sont en abomination devant Dieu, que l'humilité est un des premiers devoirs de son état, & qu'une vertu reflechie sur soi-même est une fausse vertu.

Il sçait de plus, qu'on ne se lave pas d'une accusation avec des éloges ; qu'en matiere criminelle sur tout, la Justice demande des preuves claires, précises, solides, sans équivoque, sans déguisement, que c'est tout ce qu'elle pése dans sa balance, qu'elle en rejette tout ce qui sent trop l'affectation, la meditation, les efforts d'esprit & d'imagination, & toute invention de l'art.

L'innocence n'a pas besoin de pareils secours, la seule verité lui suffit ; c'est delà que doivent naître les preuves qui la soûtiennent, la fortifient, & la font briller aux yeux des plus incredules ; le P. Cadiere proteste ici qu'il n'a pas d'autres preuves à proposer pour dissiper les fausses idées de ce prétendu complot, il ose espérer qu'elles paroîtront si certaines, que les esprits les plus prevenus ne pourront les méconnoître, ni les contredire.

Pour donner un ordre à ces preuves, il faut necessairement examiner les trois pretextes sur lesquels le P. Girard a ourdi la recrimination de ce complot, ce qui ne peut se faire qu'en les raportant à sa Direction, que nous diviserons pour cela en trois tems.

Le premier de ces tems sera depuis le commencement de la Direction jusques à l'entrée de la Demoiselle Cadiere au Couvent d'Ollioules. Nous apliquerons à cet espace de tems les preuves qui servent à détruire le premier pretexte du complot, & à faire voir que le P. Cadiere n'a ni suposé ni publié les prétendus miracles de sa Sœur, que s'il en a parlé comme d'une Sainte, & exalté même sa Sainteté, ce n'a été qu'en se conformant au jugement que le P. Girard en a porté, que c'est lui qui a suposé & publié ces miracles, & qui loin d'être trompé, a trompé lui-même sciemment le P. Cadiere, sa famille, ses propres Confreres de la Societé, & M. l'Evêque de Toulon.

Le second tems de la Direction sera placé depuis le 6. Juin qui est le jour de l'entrée que fit la Demoiselle Cadiere au Couvent d'Ollioules, jusques au 15. Septembre suivant qu'elle en est sortie ; & c'est dans le cours de ce tems que nous rassemblerons les preuves qui justifient que le P. Cadiere n'a ni inventé ni composé les Lettres & les Memoires pour entretenir le P. Girard dans la prévention de la verité de ces miracles, les rendre croyables, & leur donner cours dans le monde.

Enfin le dernier tems de la Direction du P. Girard sera fixé depuis la sortie que la Demoiselle Cadiere fit du Couvent d'Ollioules jusques au jour que M. l'Evêque de Toulon trouva à propos de lui donner le P. Nicolas pour Confesseur ; & dans le cours de ce dernier tems nous prouverons invinciblement que le P. Cadiere n'a fait aucune démarche de complot contre le P. Girard ; qu'au contraire il n'a rien oublié pour prevenir l'éclat que pouvoit faire la découverte & la manifestation des prestiges dont sa Sœur & toute sa famille ont été abusez pendant la durée de sa Direction, & pour empêcher tous les mouvemens qui pouvoient blesser sa reputation.

PREMIER TEMS DE LA DIRECTION DU P. GIRARD.

Il faut être bien aveugle & bien rempli de soi-même pour avoir entrepris de persuader que le P. Cadiere a comploté avec sa Sœur, avant qu'elle entrât au Couvent d'Ollioules, pour exalter sa sainteté & faire valoir ses miracles dont il ne pouvoit ignorer la fausseté.

Il n'y a qu'à faire parler le P. Girard pour le convaincre de fuposition par lui-même. Que penfoit-il de l'état de la Demoifelle Cadiere dans ce premier tems de fa Direction ? Il en a fixé lui-même le commencement à la fin d'Avril ou à l'entrée de May 1728., & il avoüe par fa Réponfe au neuviéme Interrogat que cette Fille fut plus d'un an à ne s'entretenir avec lui que de chofes ordinaires qui pouvoient regarder la Direction de fa confcience. Jufque-là il ne peut donc pas dire que le Pere Cadiere ait comploté avec fa Sœur pour la faire paffer pour Fille à miracles.

Il peut encore moins le foûtenir par raport à l'état extraordinaire où cette Fille a été reduite après cette année.

Il avoüe fur le vingt troifiéme Interrogat que ce fut 14. mois après qu'il eut commencé de la diriger, qu'elle lui fit part des Vifions & des chofes extraordinaires qu'elle pretendoit lui être arrivées ; il fait enfuite la defcription & le détail de ces Vifions, & qu'elle lui a dit entr'autres d'avoir vû Saint Jean l'Evangelifte avec un Livre cacheté des fept Seaux, où il écrivoit le nom de *Jean-Baptifte & de Catherine.*

Voilà donc un changement d'état qui devoit le mettre en défiance. Quel eft le Directeur qui ne fe feroit pas foüleve contre de pareilles idées, qui ne les auroit pas combattuës de toute fa force, qui n'auroit pas mis en ufage tout ce que la Réligion & la charité peuvent infpirer de plus fort pour perfuader à fa Pénitente de les chaffer de fon efprit, ou qui ne l'auroit pas traitée de Vifionnaire, & en cas qu'elle perfeverât, ne l'auroit plus écoutée & l'auroit renvoyée ?

Mais le P. Girard qu'en croyoit-il ? Quel eft le jugement qu'il portoit fur ces vifions ? On le lui a demandé par le vingt-neuviéme Interrogat. Il répond que ne voyant rien jufques-là dans la Demoifelle Cadiere qui pût lui rendre fufpectes les chofes qu'elle racontoit, il avoit penfé durant un tems fur tout, à croire qu'il pourroit bien fe paffer quelque chofe de fingulier en elle de la part de Dieu, mais que jamais il ne lui avoit marqué faire une eftime particuliere de fes dons.

Quelle efpece de langage eft celui-ci ? Quoi, la vifion des noms *de Jean-Baptifte & de Catherine* écrits dans le Livre des fept Seaux, tenu par Saint Jean l'Evangelifte, a été écoûtée tranquillement par ce Directeur, comme une chofe venant de la part de Dieu ; & lui qui fupofe dans la même Réponfe d'avoir dit alors à cette Fille qu'un petit acte d'humilité étoit plus meritoire que tous ces dons, fut affés poffedé de l'efprit d'orgüeil pour fe contenter de lui marquer fimplement qu'il n'en faifoit pas une eftime particuliere & qu'il falloit les cacher, tandis qu'il avoüe qu'il s'étoit fervi de ce qu'elle lui difoit pour lui infpirer plus de reconnoiffance pour Dieu, plus de courage pour fouffrir & pour fe bien vaincre.

Eft-ce ainfi que le P. Girard diffuadoit fa Pénitente de fes vifions en lui infpirant des fentimens d'une plus grande reconnoiffance envers Dieu de ce qu'elle avoit vû le nom de fon Directeur uni avec le fien dans le Livre de Vie ? Il fait femblant aujourd'hui d'être furpris de l'horreur d'une fi déplorable conduite : On ne peut pas affés s'étonner, dit-il, comment éclairé comme il étoit, il ne prit aucun ombrage de cette fille, dont les artifices paroiffoient fi marqués par la fingularité des faits & vifions qu'elle racontoit : mais (ajoûte-t'il) il étoit pieux, plein desbontés de fon Dieu pour fes Créatures, il croyoit ces fortes d'évenemens poffibles, & cela lui fuffifoit.

C'eft-à-dire, que le P. Girard fe mocque de Dieu & du monde lorfqu'il fait confifter la pieté à croire l'union fcandaleufe de fon nom avec celui de fa Pénitente dans le Livre de Vie montré dans une vifion qu'il aprouve ; tandis que fe difant éclairé il n'a jamais dû ignorer que nul ne peut fçavoir en cette vie s'il eft digne d'amour ou de haine, & qu'on doit travailler à fon falut avec crainte & tremblement.

Mais pour revenir à l'état où cette Fille commença pour lors d'être reduite par ces vifions, l'on fuplie la Cour de remarquer qu'il n'eft pas poffible de foupçonner le P. Cadiere de les avoir complotées avec elle, tandis qu'il les ignoroit, &

que le P. Girard à qui seul elles étoient racontées comme des choses extraordinaires, disoit qu'elles venoient de Dieu, qu'il encourageoit cette Fille à les souffrir, & s'en servoit pour lui en inspirer plus de reconnoissance envers Dieu.

A ces deux époques marquées par le P. Girard, l'une de la premiere année de la Direction pendant laquelle il avoüe qu'il ne s'est rien passé de considerable, l'autre des Visions qui ont suivi cette année, ce qui forme deux preuves qui excluent toute idée de complot, il faut joindre l'Obsession survenuë après, qui fournit une troisiéme preuve encore plus précise & plus indubitable.

Le P. Girard parle en homme qui a toûjours été pleinement persuadé de la verité & de la realité de cette Obsession. Il en a placé l'époque dans ses Réponses au 41ᵐᵉ. Interrogat & les subsequents, sur la fin de Novembre 1729, & la durée jusques vers le 20. de Fevrier 1730.

Or de ce fait ainsi constaté, il resulte deux conséquences qui prouvent à ne pouvoir en douter, qu'au lieu que le P. Cadiere ait comploté avec sa Sœur pour tromper le P. Girard, c'est celui-ci qui sçiemment a abusé le P. Cadiere sur ces pretendus miracles, & avec lui tous les Parens de cette Fille, & toute la Ville de Toulon.

Premierement, le P. Cadiere ne sçavoit point, ni aucun de sa famille non plus, que sa Sœur fût Obsedée, ni que tout ce qu'ils voyoient vînt d'une Obsession : & au contraire le P. Girard le sçavoit certainement ; il n'y a qu'à voir ce qu'il en dit lui-même : voici ce qu'il a répondu au 42ᵐᵉ. Interrogat sur l'acceptation de l'Obsession sur laquelle la Demoiselle Cadiere l'avoit consulté, ensuite de la Vision de l'ame en peché mortel.

A répondu 1°. *Qu'il doutoit de la revelation.*

2°. *Que trouvant l'acte trop heroïque pour une Fille, il ne determina rien là-dessus ; qu'il est vrai que des Saints l'ont ainsi pratiqué ; mais que quand même il le lui auroit conseillé, ce ne seroit pas lui qui lui auroit communiqué le Demon par-là, mais qu'elle l'auroit acquis par la permission divine, & pour la plus grande gloire de Dieu.* Il ajoûte, *Qu'il paroit absurde que le Demon ait été employé pour sauver une ame.*

On n'a pas besoin de refléchir beaucoup sur l'embarras où s'est trouvé le P. Girard en faisant cette réponse, elle indique assez le trouble & l'agitation de son cœur & de son esprit.

Car d'abord, pourquoi ne rien determiner sur une pareille revelation, & se contenter de douter sur un fait d'Obsession où il s'agissoit de communiquer le Demon à cette Fille ; cela pouvoit-il lui paroitre d'assez peu de conséquence pour s'en tenir à des doutes ; & ne rien decider.

De plus, étant certain, comme il le dit, que des Saints l'avoient ainsi pratiqué ; qu'en acceptant pareille Obsession c'étoit acquerir le Demon par la permission divine & pour la plus grande gloire de Dieu ; & le representer ainsi à cette Fille, ce n'étoit pas lui marquer du doute, c'étoit le lui conseiller, ainsi qu'on le comprend assez par les termes présupositifs & indirects dont il se sert, & la livrer precisément au Demon, en abusant du nom de Dieu, & lui en attribuant la gloire ; ce qui est horrible.

Enfin ce qui découvre l'absurdité des pretextes employez dans cette réponse pour couvrir l'abus que ce Directeur a fait de son ministére en cette occasion, c'est la contradiction où il se jette, en disant d'un côté que l'acte étoit heroïque, & que des Saints l'ont ainsi pratiqué ; & de l'autre qu'il est absurde que le Demon ait été employé pour sauver un ame : car il faut necessairement sur le pied des contradictions qui resultent de ce raisonnement, ou que des Saints ayent donné dans cette absurdité, c'est-à-dire employé le Demon pour sauver un ame, puisqu'il dit qu'ils l'ont ainsi pratiqué, ou qu'il ait crû lui-même que cela n'étoit pas absurde, puisqu'il avoüe qu'en acceptant l'Obsession cette Fille pouvoit acquerir le Demon par la permission divine & pour la plus grande gloire de Dieu.

Mais on abandonne ces reflexions & toutes les autres qu'on pourroit faire encore sur cette réponse ; il suffit au P. Cadiere d'observer qu'il en resulte du propre aveu

du P. Girard ces deux faits certains, qu'il fçavoit l'Obfeffion de la Demoifelle Cadiere fa Pénitente, & qu'il lui avoit confeillé de l'accepter.

On demande maintenant, lequel des deux étoit l'impofteur; ou le P. Cadiere,
qui ignorant la caufe des états où cette Obfeffion mettoit fa Sœur avoit lieu de
croire que c'étoit des miracles; ou le P. Girard, qui connoiffant le principe de ces
états, n'a jamais dit un feul mot au P. Cadiere, ni à aucun de fa famille, ni à
perfonne au monde pour le reveler & le faire comprendre.

On vient à la feconde conféquence qui refulte des effets de cette Obfeffion, &
qui prouve encore bien fenfiblement que c'eft le P. Girard qui a trompé le P. Cadiere & fa Sœur, bien loin qu'ils ayent comploté l'un & l'autre pour le tromper.

Il ne faut pour s'en convaincre que reflechir encore un moment fur le jugement que faifoit le P. Girard des effets miraculeux de cette Obfeffion, & le jugement qu'en faifoit le P. Cadiere, fa famille, & tous ceux qui en ont été les témoins, opofer ces jugemens l'un à l'autre.

Sur quoi il faut d'abord remarquer que toute cette famille étoit prevenuë d'un
refpect & d'une veneration infinie pour ce Directeur, il s'étoit rendu le maître
abfolu dans la maifon, on n'a pas de peine à le croire de la part d'un Jefuite, &
l'on n'en peut pas douter fur le refultat de la procedure; on ne raportera là-deffus
que deux faits qui le prouvent affez entre plufieurs autres.

Le P. Cadiere touché des maux extraordinaires de fa Sœur, alloit quelquefois
la vifiter; le P. Girard dont les vifites ne ceffoient point dans ce tems d'Obfeffion,
arrive dans la chambre, & trouve le P. Cadiere affis auprès du lit de fa Sœur; il
croyoit bonnement que le P. Girard alloit entrer en converfation avec lui; point
du tout; l'impatience où il étoit de fe voir feul avec fa Pénitente ne lui permet-
tant pas de differer un moment, il prend le P. Cadiere par un bras, le met dehors
la chambre, & lui ferme la porte au nez.

Un autre jour, c'étoit le 8. May 1730. l'un de ceux où la Demoifelle Cadiere
fe trouva reduite à un de ces états extraordinaires de transfiguration qu'on a ex-
pliqués au procès, Meffire Giraud Curé ayant été apellé par les Parens qui la
croyoient à l'extrémité, s'étoit arrêté dans la Chambre à écouter le recit qu'on lui
faifoit des accidens extraordinaires qui arrivoient à cette Fille. Pendant qu'on lui
racontoit cette hiftoire, on entend un petit bruit aux degrés, le fieur Cadiere
l'aîné fort de la Chambre, il rentre un moment après, & dit au Curé, *Mr. je
vous fais excufe, c'eft à prefent l'heure que le P. Recteur doit venir, il ne feroit pas
bien aife de trouver des étrangers ici* : le Curé répond qu'il feroit faché de faire de
la peine à perfonne & fe retira. Nous prefupofons que ce fait doit refulter de fa
dépofition.

On voit par là quel empire le P. Girard s'étoit acquis dans cette maifon, les
confiderations, la deference, le refpect qu'on avoit pour lui, l'attention, la fou-
miffion qu'on avoit à executer fes ordres.

Il faut revenir au jugement qu'il faifoit des effets de l'Obfeffion. Cette credule
famille allarmée des accidens de cette Fille; la Mere, les Freres reprefentent au
P. Girard, la crainte où ils font de la voir périr fous le fais de fes douleurs, s'il ne
trouveroit pas bon qu'ils fiffent apeller des Medecins pour examiner d'où cela
pourroit proceder & pour la foulager; le Reverend Pere répond d'un ton pecifif
qu'on ne doit pas s'allarmer, *ce font des maux divins* qui paffent la connoiffance
des Medecins, & où ils ne voyent goute. Voilà quel étoit le jugement du P. Girard fur les effets de l'Obfeffion.

Voyons celui du P. Cadiere : prévenu de la fainteté prétenduë de cet hypocrite
Directeur, il prie de bonne foy avec fincerité, avec fimplicité, il implore le fecours du Ciel lorfqu'il eft prefent aux accidens de fa Sœur.

Celui du Jeudi au Vendredi Saint 6. Avril 1730. fut le premier que le P. Girard avoit preparé pour abufer toute cette famille fur la fainteté de fa Pénitente :
Il refultera de la procedure qu'il avoit averti la fameufe Guiol une de fes Pénitentes
qui jouë un rôlle fi honnéte dans ce procez, de s'y trouver, & fi on la refufoit,

de

de dire que c'étoit par son ordre ; il avoit donné le même avis au P. Grignet Jésuite Professeur en Theologie.

La transfiguration survient;les assistans voyant ce spectacle se mettent à genoux, chacun prie, chacun témoigne sa surprise, & son étonnement ; la Guiol dit d'un ton piteux, *Qui ne se convertiroit pas ?* Le R. P. Grignet répond d'un coin du lit où il étoit prosterné, *Il faudroit étre des Turcs, on devroit apeller tout ce qu'il y a des gens dans la Ville pour voir un objet si touchant.* Le P. Cadiere prioit comme les autres, il imploroit de tout son cœur le secours du Ciel ? Comment auroit-il pû douter de la verité de l'état où étoit sa Sœur voyant sur tout un Jesuite, un Docteur en Theologie, frapé, penetré de cet état. Le P. Cadiere étoit donc en bonne foy.

Mais le P. Girard y étoit-il ; il sçavoit l'Obsession, puisqu'il l'avoit conseillée, nous venons de le faire observer ; il étoit instruit d'où procedoient les maux de cette Fille, la connoissance qu'il avoit du principe de ces maux ne lui permettoit pas de douter un moment de la nature & de la qualité des accidens qu'il voyoit, il étoit present à ces transfigurations.

Qu'il nous soit permis de lui faire ici ce dilemme.

Ou il croyoit que l'état dans lequel il voyoit sa Pénitente venoit de Dieu :

Ou il croyoit qu'il venoit du Demon, ou il en doutoit.

S'il croyoit que cet état venoit de Dieu, le P. Cadiere avoit donc lieu de le croire de même ; il étoit donc en bonne foy lorsqu'il prenoit les accidens extraordinaires de l'état de sa Sœur pour des miracles ; il ne peut par conséquent être inculpé d'avoir comploté avec elle pour la faire passer pour Sainte à miracles,pour les faire valoir, ni s'être prêté à lui faire joüer ces differens personnages ; comme le P. Girard ose bien le lui imputer.

Si le P. Girard connoissoit que l'état de sa Pénitente venoit du Demon, d'où vient qu'il ne la desabusoit point, qu'il la laissoit dans cette erreur de prétenduë sainteté, & qu'il l'y a entretenuë pendant une année & demi, en la faisant neanmoins Communier tous les jours ; ce qui est horrible.

Veut-on une preuve qu'il sçavoit que ces états venoient du Demon : la voici, elle resulte de la procedure.

Il est de fait qu'aucun de tous ceux qui ont assisté à ces transfigurations, où comme l'on a dit, le P. Girard n'a pas manqué de se trouver, ne l'ont jamais vû faire aucune priere; les assistans fondoient en larmes, ils adressoient des prieres & des oraisons à Dieu ; le P. Girard tranquile n'avoit garde de prier, il paroissoit pour authoriser l'accident par sa presence, & s'en alloit laissant la Pénitente dans cet état.

Voici un autre fait encore bien remarquable sur ce point. Il resulte de la deposition de Messire Giraud Curé qui fut apellé lors de la transfiguration du 8. May, que le P. Cadiere & la Guiol lui dirent que le P. Recteur étoit sorti, qu'il étoit allé dire la Messe, & que pendant son absence, la Cadiere avoit dit toute la Messe à haute voix, le Canon & les Oraisons, & que récitant les prieres de la Messe, elle avoit élevé une petite croix qu'elle avoit entre ses mains, que l'on comprit alors qu'il falloit que le P. Recteur fût à l'Elevation de la Messe.

On voit par-là le motif de l'assistance du P. Girard à cette transfiguration, à laquelle il avoit invité ses Pénitentes ; il quitte la Fille dans cet état après l'accident commencé pour aller dire la Messe, & la Fille la dit aussi ; on juge qu'il est à l'elevation de la Messe par l'élevation que fait la Fille dans son lit d'une croix qu'elle avoit en ses mains.

Cet accident venoit-il de Dieu ? L'état où étoit cette Fille, les actions, les demonstrations qu'elle faisoit, tout cela venoit il de Dieu ? Le P. Girard le croyoit-il? S'il le croyoit, le P. Cadiere à plus forte raison devoit-il le croire ; puisque le principe dont il ne voyoit que les effets, lui étoit inconnu.

Mais si le P. Girard connoissoit, comme on n'en peut pas douter maintenant sur ses propres Aveus,que ces accidens venoient du Demon,quel nom donnera-t'on à la conduite horrible de ce Directeur, faisant Communier sa Pénitente tous les jours dans cet état ? Comment sera-t'il possible de trouver une seule raison plausible pour excuser le silence criminel avec lequel il souffroit l'état de cette Fille, l'aprobation qu'il y donnoit, l'authorisation qu'il en faisoit par sa presence, bien plus le ton affirmatif avec lequel il assuroit que c'étoit *des maux divins*, toutes les démarches enfin par lesquelles il se joüoit de tous ceux qui étoient témoins de tant de faits si extraordinaires ? Quel abus de la Religion, quelle profanation de ce qu'elle a de plus rédoutable, quelle prévarication dans un ministére qui doit être pur, exempt de toute duplicité, degagé de toute dissimulation, dont la sincerité, la bonne foy, la droiture du cœur, la charité enfin doivent faire tout le partage.

Que si le P. Girard ne pouvant trouver de réponse aux deux premieres parties de nôtre argument qui justifie le P. Cadiere, se reduit à nous dire qu'il doutoit si les accidens de sa Pénitente venoient de Dieu ou du Demon ; cette derniere défaite n'acheve-t'elle pas de le confondre ? Quoi, ce Directeur, à qui cette Fille se confessoit deux fois la semaine, à qui elle avoit declaré l'acceptation de cet état d'Obsession, qui en voyoit les effets, ne déterminoit rien, se contentoit de suspendre son jugement, restoit ainsi dans le doute, & a continué de douter pendant une année & demi que ces accidents ont duré. Il se donne lui-même aujourd'hui pour un Directeur si eclairé, ses doutes n'étoient donc pas si difficiles à resoudre.

Quand même il auroit pû penser que ses lumieres ne suffisoient pas, la prudence la moins instruite exigeoit de lui de recourir à ceux qui pouvoient éclaircir ses doutes;quelque présomption qu'un Jesuite puisse avoir de soy & de son sçavoir, il avoit un exemple contraire dans la personne & la conduite du Confesseur de Sainte Therese qui étoit Jesuite comme lui, ce qui auroit dû le desabuser;il ne devoit pas ignorer de quelle maniere ce Directeur s'y étoit pris pour se determiner sur les Visions qu'elle lui avoit raconté, il avoit assemblé plusieurs autres Confesseurs instruits & capables de discerner devant Dieu le vrai & le faux de ces états mistiques, & il étoit parvenu par cette voie très-sage & très-sensée à resoudre ses doutes ; & à rassurer sa Pénitente dans l'état de perfection qu'elle acquit,& qui la fait encore admirer comme un prodige de sainteté.

Quelle conséquence nous reste t'il à tirer ; le P. Girard peut choisir celle des trois propositions qu'il lui plaira : quelque détermination qu'il prenne, il faut qu'il avoüe malgré qu'il en ait, que le P. Cadiere ne peut être inculpé d'avoir connivé ni comploté avec sa Sœur dans tout ce que l'on vient de raporter.

Mais en seroit-il de même s'il avoit publié les miracles de sa Sœur, & exalté sa sainteté : car c'est aussi par cet endroit que le P. Girard prétend qu'il est coupable de complot.

Il faut encore recourir aux preuves qui découvrent l'imposture ; rien n'est comparable à la hardiesse avec laquelle on avanture des faits qu'on sçait litteralement convaincus de fausseté par le témoige même du P. Girard.

Premierement, c'est une suposition bien grossiere de soutenir, que le P. Cadiere a publié les états ou les miracles de sa Sœur ; tandis qu'il resultera de la procedure que c'est le P. Girard qui les a publiez lui-même : il a plus fait, il les a predits : les avertissements qu'il a donnez d'avance à la Guiol, à la Reboul ses Pénitentes, au P. Grignet Jesuite, qui ne se sont trouvez aux deux premieres transfigurations de la Demoiselle Cadiere des 6. Avril & 8. Mai 1730. (& qui seront prouvez par la procedure) que parce qu'il le leur avoit dit, ne laissent aucun lieu d'en douter.

Secondement, la Demoiselle Cadiere par l'Obsession qu'il lui avoit fait accepter, étoit reduite à un état qui ne lui permettoit pas de cacher ses accidens aux yeux même du public, eu égard aux conjonctures du tems & des lieux où elle en étoit prise ; c'étoit tantôt dans la Boutique de son frere, tantôt à l'Eglise : les dépositions de plusieurs temoins de Toulon, celles des Religieuses d'Ollioules ; & encore plus la Lettre du P. Girard du 15. Juin 1730. justifie qu'il lui conseilloit de s'abandonner à ces mouvemens, & de ne pas forcer violemment ce qu'il apelloit l'esprit interieur.

Troisiemément, une autre preuve encore plus forte & plus précise qui vient de sa propre main (car nous n'en produisons pas d'autre) pour justifier que c'est lui-meme qui a manifesté la sainteté de sa Pénitente, & qu'il se faisoit un honneur de la publier; ce sont les deux Lettres qu'il écrivit les 22. Mai & 5. Juin 1730. à la Dame Abbesse du Couvent d'Ollioules pour y faire entrer cette Fille, il les a raportées au bout de son Memoire imprimé.

Dans la premiere, il commence par lui aprendre qu'il dirige la Demoiselle Cadiere depuis deux ans, que Dieu apelle cette Fille à sa Communauté, & lui demande une place pour elle. Voici comme il s'explique sur le caractére de cette Fille. *Je puis vous assurer seulement que ce n'est pas une ame commune, & que nôtre Seigneur a une prédilection singuliere pour elle.* Et un peu après il poursuit : *Je suis en même tems persuadé que Dieu ne peut gueres en cette matiere accorder à vôtre Maison des plus grandes graces, qu'en vous accordant & vous envoyant un tel sujet, vous la connoitrez aisément en peu de tems.*

Dans la seconde Lettre qu'il écrivit la veille de l'entrée au Couvent, le P. Girard debute par confirmer en deux mots les éloges qu'il avoit deja donnés à sa Pénitente dans la premiere. *Voilà l'ame* (dit-il) *que Jesus-Christ a reservé à vôtre Monastere, & que je vous envoye.* Il prie ensuite la Dame Abbesse *de vouloir bien accorder à cette Fille la sainte Communion pour tous les jours : peut être connoitrez-vous bien-tôt que Dieu le veut, & qu'il ne la trouve pas tout à fait indigne de cette grace singuliere.*

Qu'il nous soit permis de refléchir un moment sur ces deux Lettres. Selon le témoignage qu'il donne ainsi par écrit de sa Pénitente, il faut croire qu'elle est une Sainte : A qui porte t'il ce témoignage ? à la Superieure d'une Communauté, c'est-à-dire à toutes les Religieuses qui la composent, & par-là à tous les habitans d'Ollioules. Ce n'est donc pas le P. Cadiere qui a publié la sainteté de sa Sœur ? Tout les accidens dont nous avons deja parlé étoient arrivez à Toulon avant qu'elle entrât au Couvent d'Ollioules ; toutefois on ne l'a jamais apellée la Sainte de Toulon, mais la Sainte d'Ollioules à Toulon, depuis qu'elle fut entrée au Monastere. C'est donc le P. Girard lui seul qui lui a acquis ce nom, cette reputation de Sainte : C'est lui qui l'a certifiée & publiée Sainte.

Quatriemément, ces mêmes Lettres justifient encore le P. Cadiere sur cette circonstance maligne à lui imputée qu'il ne pouvoit ignorer la fausseté des miracles de sa Sœur tandis qu'il les publioit. Le P. Girard avoit vû tous les états de la Demoiselle Cadiere avant qu'il écrivit ces deux Lettres, & il assuroit à la Dame Abbesse, *Que Dieu avoit sur cette Fille une singuliere prédilection : Que Dieu ne pouvoit accorder une plus grande grace à son Monastere qu'en lui envoyant un tel sujet :* Il la prioit de lui accorder la Communion pour tous les jours. Comment concilier tout cela avec une connoissance attribuée au P. Cadiere de la fausseté de ces miracles, tandis qu'il en ignoroit le principe, & que ce même principe qui étoit l'Obsession de sa Sœur par elle acceptée du conseil du Pere Girard, quoique parfaitement connu par le P. Girard, ne l'empêchoit pas d'assurer la sainteté de cette Fille : Lequel des deux presumera-t'on avoir fait l'illusion ? Sera ce celui qui n'en sçavoit point la cause, ou celui qui en étoit l'autheur.

Après tant de preuves si évidentes de la bonne foy & de la sincerité du P. Cadiere dans le cours de ce premier tems de la Direction ; on ose présumer que pour peu qu'on veüille se donner la peine d'y reflechir, on sera en peine de trouver contre lui la moindre aparence de complot.

DEUXIEME TEMS DE LA DIRECTION DU P. GIRARD.

Il s'agit encore ici de justifier le P. Cadiere du pretendu complot fondé sur ce qu'il a composé les Lettres, le Memoire du Carême, & les autres Mémoires pour tromper le P. Girard.

Il faut encore pour cela recourir aux preuves du tems que la Demoiselle Cadiere a

demeuré dans le Couvent d'Ollioules, c'eſt-à-dire, depuis le 6. Juin qu'elle y eſt
entrée, juſqu'au 17. Septembre qu'elle en eſt ſortie par l'ordre de Mr. l'Evêque
de Toulon.

Pour bien comprendre ſi le P. Cadiere a comploté avec ſa Sœur lors qu'elle
étoit dans le Couvent, pour tromper le P. Girard, il n'y a qu'à ſe repreſenter ce
qu'ils ont fait l'un & l'autre dans ce tems là, jetter un coup d'œil ſur leurs démarches, & leurs actions ; car l'un ne peut être connu ſans l'autre ; les démarches
ſont bien ſouvent équivoques, mais les actions ne le ſont jamais, l'un explique
l'autre, & ce n'eſt que par ce concours que l'on peut fixer les preuves. Il eſt re-
ſervé à Dieu ſeul de ſonder le cœur de l'homme, & de juger de ſes intentions ;
à tout autre qu'à Dieu, il n'y a que les actions jointes aux démarches qui puiſſent
developer le cœur de l'homme ; c'eſt Dieu même qui nous l'a dit : *Ex operibus
eorum cognóſcetis eos.*

C'eſt auſſi la grande régle que l'on ſuit en matiere criminelle : toutes les for-
malitez preſcrites par l'Ordonnance n'ont eu pour objet que cette régle.

Il faut donc voir d'une part, quelles ſont les actions qui ont ſuccedé aux démarches tenuës par le P. Girard pendant tout le tems que la Demoiſelle Cadiere
a demeuré au Couvent d'Ollioules ; & de l'autre, quelle a été la conduite, les démarches, & les actions du P. Cadiere, & comparer les unes avec les autres : par
ce parallele, il ſera facile de découvrir quel eſt l'Impoſteur, quel eſt le Coupable,
ſi le P. Cadiere a été en bonne foy, ou s'il a comploté avec ſa Sœur pour tromper le P. Girard, pour le perſuader, comme il le dit, de la ſainteté de ſa Sœur,
dont il ne pouvoit ignorer la fauſſeté ? Si c'eſt dans cette vûë qu'il a compoſé les
Lettres, le Mémoire du Carême, & les autres Mémoires comme il le ſupoſe contre
la verité du fait & contre ſa propre connoiſſance : Si c'eſt enfin ſur la foy de toutes
ces pieces, comme il le ſoutient, qu'il a donné dans le piege que le P. Cadiere &
ſon Frere lui ont tendu ; où ſi c'eſt le P. Girard qui a trompé le P. Cadiere &
ſa Sœur.

La premiere preuve qui découvre que c'eſt le P. Girard qui a abuſé le P. Cadiere, ſa Pénitente, & avec eux toute la Communauté des Religieuſes d'Ollioules
c'eſt la bigarrure, la varieté de ſes démarches & de ſes actions pendant tout le
tems que cette Fille a reſté au Couvent.

Il paroit en lui, & il reſultera de la procedure, deux hommes differens, dont
les demarches ſont directement oppoſées. Etrange caractere ! ſi c'étoit tout autre
qu'un Jeſuite, ſur tout en la perſonne d'un Directeur : Mais caractere dont on
n'a pas de peine à trouver la definition qui ſe preſente d'elle même.

On le demande aux plus ſimples ? Quel nom peut on donner à un Directeur,
qui, en public & lors qu'il ſe voit entouré de témoins, fait des actions qui paroiſſent ne tendre qu'à la ſpiritualité : qui ſemble n'avoir d'autre objet que le ſalut :
qui a toujours le nom de Dieu & du bon Dieu dans ſa bouche : qui ne parle
que de l'amour Divin & du pur amour, dont le langage n'eſt employé qu'à recommander, qu'à exalter la pratique des plus hautes vertus ; tandis que ſepulchre
blanchi au-dehors, & loup raviſſant au dedans il ne fait & ne pratique en ſecret que des actions de tenebres, que des œuvres de mort, que des operations de
chair & de ſang ? C'eſt Dieu même qui a défini un Directeur de cette eſpece, &
tous ceux qui peuvent lui reſſembler, *foris juſti, intus plein hypocriſi & intquitate.*
C'eſt Dieu qui les a menacés des peines qu'ils meritent.

Si donc tout Directeur qui dans ce ſeul miniſtere & cet employ ſoutient ainſi
deux perſonnages ſi differens, eſt un hipocrite ; la definition du P. Girard eſt toute
faite, & la conſequence eſt aiſée à tirer.

Eſt-il trompeur ; eſt-il trompé ? Eſt-ce la Pénitente, eſt-ce le Pere Cadiere qui
ont trompé le Directeur ? Eſt-ce le Directeur qui les a trompés ? C'eſt ce qui reſte
à examiner par les actions : il faut voir s'il eſt poſſible d'en donner des preuves
certaines ; car nous perſiſtons toûjours à ce que nous n'en avons pas d'autre à
propoſer.

La

La premiere preuve qui se presente est le propre témoignage du P. Girard, & dans cette preuve comme dans toutes les autres, on y trouve le double personage qu'il a perpetuellement soutenu.

Nous avons deja parlé des deux Lettres qu'il écrivit à la Dame Abbesse d'Ollioule lors de l'entrée de sa Penitente au Monastere, & des témoignages de sainteté qu'il lui donne, assortis de tous les termes qui peuvent insinuer la bonne odeur & la spiritualité du Directeur. Voilà le premier personnage.

Voici les mouvemens du second, & ce qui étoit dans l'interieur : le feu ne peut pas bruler quelque caché qu'il soit, sans qu'il en échape toûjours quelque etincelle, ou du moins un peu de fumée.

Il demande à la Dame Abbesse par sa Lettre du 5. Juin 1730. raportée à la page 46. du Recüeil imprimé, de lui accorder une seconde faveur. Quelle est donc cette faveur ? *C'est (dit il) que cette Demoiselle puisse m'écrire sans que ses Lettres soient lües, & que mes réponses aillent de même à elle sans être vües, ces Lettres de part & d'autres ne rouleront précisément que sur les dispositions de son ame & l'économie de son interieur, j'auray l'honneur d'aller vous recommander dans 15. jours cette chere Fille.*

Nous verrons en raportant les reflexions qui sont à faire sur les Lettres, le mauvais pretexte dont il se sert pour excuser le mistere qu'il vouloit faire à l'Abbesse sur ce qui seroit écrit de part & d'autre entre lui & sa Penitente.

Mais aujourd'hui que ce mistere n'est malheureusement que trop expliqué, quel autre motif decouvre t'on dans le secret demandé pour ce qu'il vouloit écrire à cette chere Fille, que le double personage du Directeur spirituel & du Directeur charnel ? Que paroit-il dans le concours de ces deux personages, si ce n'est un hipocrite averé ? Et sous cette hipocrisie, des horreurs voilées sous un dehors séduisant de spiritualité & de Religion, que la bonne foy seule, où le P. Cadiere avoit été mis par le langage platre de ce faux Directeur, peut excuser.

Quel ombrage en effet pouvoit il prendre ? Quel soupçon pouvoit-il le mettre en défiance sur une conduite qui ne sembloit lui presenter que des objets de zele & de charite pour le salut de sa Sœur ; loin de comploter avec elle dans aucun dessein de le tromper, n'étoit il pas lui même la dupe de sa credulité.

Qu'on se mette à la place du P. Cadiere : le Directeur spirituel atteste à l'Abbesse que sa Penitente est une Sainte ; le voilà confirmé sur tout ce qu'il avoit vû, sur tout ce qu'il avoit crû de la sainteté de sa Sœur avant & aprés qu'elle est entrée au Couvent, & pendant tout le tems qu'elle y a demeuré. Tous les accidens, toutes les extases qu'on lui raporte de sa Sœur, que les Religieuses d'Ollioules auront sans doute deposé, & dont elles ont été les temoins oculaires, ses ravissemens, sa transfiguration.

Tout cela, loin de lui donner aucune idée desavantageuse pour le desabuser de la sainteté de sa Sœur, ne servoit qu'à le fortifier dans la prévention où il étoit de cette sainteté.

De là, quel respect, quelle veneration, quelle déférence pour tout ce que sa Sœur lui dictoit, & qu'il ne pouvoit soupçonner avoir d'autre objet que le spirituel ; avec quelle simplicité n'a-t'il pas écrit toutes ces Lettres, cette relation d'Extases, de Visions, de faveurs du Ciel, de graces abondantes qu'il croyoit versées sur une ame pour laquelle le Directeur spirituel affirmoit que Dieu avoit une prédilection singuliere, & qu'il canonisoit d'avance comme une Sainte.

Mais le Directeur charnel qu'en pensoit il ? Quelles étoient ses démarches & ses actions secretes pendant tout le tems que sa Penitente a resté enfermée dans le Monastere.

Il trompoit l'Abbesse & la Communauté des Religieuses ; faut-il s'étonner si le P. Cadiere étoit lui-même abusé : comme lui elle ignoroit le criminel usage que ce Directeur charnel faisoit & avoit fait jusqu'alors de son ministere.

Auroit-elle pris le témoignage de ce Directeur charnel pour preuve certaine de la sainteté de sa Penitente, si elle avoit sçû, comme on le sçait aujourd'hui, les vrais motifs de toutes ses démarches, l'aveu de ses visites frequentes & secretes, l'aveu de s'être fi fouvent enfermé avec elle, l'aveu d'avoir touché les ftigmates, l'aveu d'avoir porté fes mains fur celui du côté de cette Fille quatre doigts au deffus du teton gauche, d'une Fille âgée de 18. ans, dont elle avoit devant les yeux la figure & le corfage.

Le P. Girard auroit-il eu l'impudence de lui demander pour premiere faveur de la faire Communier tous les jours, dans le même tems qu'il lui demandoit pour feconde faveur qu'elle baiffât les yeux fur leurs lettres refpectives.

Le Dame Abbeffe lui auroit-elle permis d'entrer dans le Couvent, de demeurer fermé feul à feul trois heures entieres dans la chambre de cette Fille, de foüiller la fainteté de fon Monaftere par une action de cette efpece, de donner de pareils exemples à fa Communauté. Grand Dieu, quels exemples pour des Religieufes !

La Dame Abbeffe auroit-elle fouffert ces colloques familiers, ces entretiens fre-quents & reïterez du P. Girard avec cette Fille au Parloir, à la grille du Chœur, ces conferences fecretes les portes fermées, celles des grilles du Chœur & du Parloir ouvertes, où il fe dedommageoit en particulier fur fa Pénitente des exhortations publiques qu'il faifoit à la Communauté.

La Dame Abbeffe n'auroit elle pas ouvert les yeux fur ces actions d'une efpece fi differente, & qui caracterifent fi bien le double perfonnage de ce Directeur, de l'Autel à la grille, de la grille à l'Autel, la même bouche qui venoit de facrifier au Dieu de toute pureté, qui venoit de le recevoir, qui venoit de baifer l'Autel du Sacrifice, venoit enfuite facrifier au Demon des baifers impudiques & lafcifs.

Voilà donc deux hommes en un feul, deux Directeurs dans le même homme, deux Directeurs dans fes démarches & dans fes actions, dans les Lettres qu'il écri-voit à fa Pénitente, & dans les colloques fecrets qu'il avoit avec elle ; en un mot, deux Directeurs dans tout ce qu'il falloit & tout ce qu'il difoit.

Quel étoit alors le perfonage du P. Cadiere, & quel complot pouvoit-il faire avec fa Sœur contre le P. Girard ? Voyoit-il les Lettres que ce Directeur charnel lui écrivoit ? Sa Sœur lui montroit-elle ces Lettres qui devoient être fecretes ? Il ne les avoit jamais vûës ; fon unique employ étoit d'écrire les réponfes qu'elle lui dictoit, la prévention où l'avoit mis le dehors trompeur du Directeur fpirituel, ne lui laiffoit pas la liberté d'apercevoir autre chofe dans les réponfes que des fentimens reciproques de la plus haute perfection.

Cela devroit fuffire pour juftifier le P. Cadiere de ce pretendu complot : mais pour ne laiffer rien à defirer fur ce point, & achever de confondre l'impofture que le P. Girard, ou celui qui s'eft mêlé de le deffendre, a crû pouvoir rectifier par les Reflexions préliminaires, & les Notes qu'il a fait fur ces Lettres imprimées, & fur les Memoires à lui remis par fa Pénitente, qui compofent la derniere partie de fon Memoire inftructif ; nous ajoûterons encore quelques reflexions aux preu-ves que nous venons de raporter ; & nous efperons de faire voir qu'il n'y a que l'efprit de vertiges & d'aveuglement qui en ait pû faire hazarder l'impreffion.

REFLEXIONS SUR LES LETTRES.

POur donner une idée de complot, on a commencé ces reflexions préliminaires par un parallele dont l'invention eft digne de fon autheur.

D'abord la Cadiere & fes Freres font des fourbes, & le P. Girard eft un Saint.

La Sœur & les Freres l'ont trompé, ils lui ont fait accroire que les Letres que la Sœur lui envoyoit étoient écrites de fa main, tandis que le P. Cadiere les com-pofoit, & en faifoit les minutes, & l'Eccléfiaftique les mettoit au net ; le P. Gi-rard n'a decouvert cette fourberie que par hazard, lorfqu'il alla foüiller dans fes papiers au commencement du procez, ce fut feulement alors qu'il aprit que Meffire Cadiere avoit tout écrit fans avoir jamais reçû un mot de fa Pénitente, & reconnut par-là qu'il avoit été joüé.

Il feroit difficile d'affembler plus de menfonges qu'il y en a dans tout ce raifon-nement, qui fe détruit d'ailleurs de lui-même par les contradictions qu'il renferme.

Premierement, la fimple remiffion que le P. Girard reconnoit lui avoir été faite par la Demoiſelle Cadiere ſur le champ, & ſur la ſeule demande qu'on lui en fit de ſa part, peut-elle ſe concilier avec l'idée du complot & de la fourberie qu'il lui impute.

Comment concevoir que cette Fille, à laquelle ſi l'on veut preter l'idée de le tromper, il faut neceſſairement préſupoſer d'avance un projet deja fait & ſuivi, eût été aſſés imbecille, l'on ne dit pas pour lâcher les Lettres qu'elle avoit reçû de lui, ce qu'elle n'auroit pas fait dans la preſupoſition qu'on vient de dire, mais pour lui remettre ſans diſcernement tous les papiers qu'elle trouva ſous ſa main ſans l'examiner, & juſqu'aux minutes de ſes p opres Lettres, qu'elle avoit dictées.

En ſecond lieu, il faut ſupoſer le P. Cadiere bien groſſier, pour faire accroire qu'il a compoſé ces Lettres par complot avec ſa Sœur dans le même deſſein de tromper le P. Girard : voila certainement un comploteur de nouvelle eſpece. S'il en avoit eu ſeulement la penſée auroit-il laiſſé au pouvoir de ſa Sœur les minuttes écrites de ſa main, & ſe feroit-il promis que ces minuttes ne s'égareroient jamais, qu'elles ſeroient en ſureté entre les mains d'une fille laquelle comme l'on voit gardoit aſſés bien les papiers,

En troiſieme lieu, & en admettant toujours la même preſupoſition de complot, il auroit fallu être aſſuré que le P. Girard ignoroit que ſa Penitente ne ſçavoit point écrire, qu'elle ne le lui avoit point declaré dans le cours d'une Direction de deux ans & demi, & dans la familiarité où ils étoient, tandis qu'elle lui faiſoit part de ſon interieur le plus ſecret, qu'elle ne faiſoit abſolument rien ſans le lui dire, & qu'il avouë lui même par ſa réponſe au 87. Interrogat, que *la derniere Fête de la-Pentecôte* (le 30. May 1730.) *ladite Cadiere lui ayant fait dire de la venir voir pour lui montrer une Lettre qu'elle écrivoit à la Superieure d'Ollioules par laquelle elle lui fixoit le jour auquel elle devoit ſe rendre à ſon Couvent, & s'y étant rendu, il lût la minutte de la Lettre.* Il n'eſt pas indifferent de remarquer en paſſant que ce jour 30. May eſt le même qui donna lieu à la reprimande que lui fit le P. Girard de ce qu'elle avoit reſiſté à l'eſprit de Dieu, n'ayant pas voulu ſe laiſſer enlever en l'air.

Or la minutte de cette Lettre étoit écrite de la main du P. Cadiere ; croira-t'on qu'en la liſant le P. Girard ne le vit point, ne le comprît point, qu'il ne demanda point à cette Fille ſi c'étoit elle qui avoit compoſé cette Lettre.

Il nous interpelle à la page 3. des mêmes Reflexions generales, d'expliquer comment nôtre Sœur ſachant écrire quoiqu'aſſez mal, n'a cependant jamais écrit elle-même à ſon Directeur le moindre petit bilet, quoiqu'ils s'écriviſſent ſi ſouvent ; ne ſçait-on pas (ajoûta-t'il) qu'on n'a garde d'exiger des perſonnes du ſexe qu'elles ayent une bonne main.

Mais qu'il nous explique lui même comment il a pû ignorer que cette Fille ne ſavoit pas écrire avant que d'entrer au Couvent, lorſqu'il avouë que dans l'eſpace de deux années de ſa Direction avant cette entrée au Couvent, elle ne lui avoit jamais écrit le moindre petit billet.

Qu'il nous explique encore s il le peut, lui qui parle en homme inſtruit & perſuadé qu'on nexige pas des perſonnes du ſexe qu'elles ayent une bonne main, & qui dit à la page 2. des mêmes Reflexions, *qu'on avoit choiſi le caractere de l'Eccleſiaſtique, parce que celui de ſon frere le Jacobin étoit trop net & trop éloigné du caractere ordinaire des perſonnes du ſexe ;* comment voyant cette minutte qu'il avouë d'avoir lû étant ſeul dans la chambre de la Cadiere avec elle, il ne s'aperçut pas que la Lettre qu'elle lui dit qu'elle écrivoit à la Superieure d'Ollioules n'étoit pas de la main de cette Fille ?

Quatriémement, l'objet qu'il donne à ce pretendu complot n'eſt-il pas ridicule & démenti par lui-même. Il dit qu'on l'a joüé ; il ſupote que les freres de ſa Devote ont vû ſes Letres, & que par là ils avoient eu connoiſſance de ſon interieur, & dans celui de pluſieurs autres perſonnes, ſans lui en avoir jamais dit mot quoiqu'ils vécuſſent en grande union ; tandis que d'un autre côté & dez le commencement de ſes reflexions, il aſſure qu'on verra dans ſes Lettres un eſprit de pieté, & de zele & de charité, joint aux maximes de la plus pure morale.

Il est donc faux qu'il fût question dans ces Lettres de l'interieur de qui que ce soit ; & si le Pere Cadiere les avoit vûës, s'il avoit composé les réponses, ce qui est également faux, en quoy l'auroit-on joüé ? & à qui veut-il le persuader lors qu'on trouve dans ces réponses les même expressions, les mêmes sentimens de pieté & de religion qu'il pretend d'avoir inspiré par ses Lettres.

Mais que repondrons nous à la Lettre envoyée d'Aix par la Demoiselle Cadiere, quoiqu'elle eût été composée à Toulon avant son depart par le P. Cadiere, & copiée par son frere l'Ecclesiastique, qui la remit à sa Sœur pour la jetter à la Poste pour Toulon, lors qu'elle seroit arrivée à Aix, ce qu'elle fit. La Cadiere & ses freres, nous dit on, bon gré mal gré qu'ils en eussent ont convenu de ce fait, & on a produit au procés la minutte de cette Lettre écrite de la main du Dominicain ; elle prouve sensiblement les impostures qu'ont fait ces deux Freres pour faire passer leur Sœur pour une Sainte ; on y debite d'avance ce qui doit arriver à la Demoiselle Cadiere dans le premier jour de son voyage, & ce seul trait ne suffit-il pas pour faire regarder ces deux freres pour des insignes fourbes, & de leur ôter toute creance ; sur tout si l'on considere qu'après le retour du voyage, le P. Cadiere oubliant ce qu'il avoit écrit dans la Lettre, composa un Mémoire contenant les dispositions interieures de sa Sœur toutes contraires à celles qu'il avoit raportées dans sa Lettre, Mémoire plein d'impostures & de faux miracles qui prouve clairement que ces deux freres se joüent de ce qu'il y a de plus saint dans la Religion.

Le P. Girard veut donc induire de cette Lettre, 1°. Un artifice dont on s'est servi pour le tromper en lui envoyant d'Aix une Lettre composée d'avance à Toulon.

2°. Que par cet artifice les freres Cadieres lui ont persuadé que leur Sœur étoit une Sainte.

3°. Que pour le confirmer dans cette persuasion, ils y ont prédit d'avance ce qui devoit arriver à leur Sœur le premier jour de son voyage.

Et enfin que le P. Cadiere a dementi par un Mémoire contraire par lui composé après le retour de sa Sœur, les prédictions qu'il avoit écrit dans la Lettre.

Voilà si l'on ne se trompe toutes les consequences & toute la force que le P. Girard, ou plûtôt l'autheur & le compositeur de ces reflexions admirables, pretend tirer de cette Lettre.

Il faut l'avoüer, les Jesuites sont de terribles gens sur la verité, lors qu'ils manquent de ressource pour couvrir l'honneur d'un Confrere coupable, & qu'ils le voyent convaincu de ses crimes ; ils ont donné cette Lettre comme une piece decisive, & prévenu d'abord sur cela tous ceux qui ne connoissent pas leur maximes. Quel en a été le succès ? Ils en ont été indignés, & après la lecture de la Lettre & du Mémoire, ils se sont mis à leur rire au nez.

Car pour commencer par cet artifice insigne d'avoir composé une Lettre à Toulon pour l'envoyer comme si elle avoit été écrite d'Aix, les gens qui aiment à s'instruire, ont d'abord demandé : La Demoiselle Cadiere sçait elle écrire ? Plusieurs personnes ont même eu la curiosité de l'interroger là dessus ; Elle leur a répondu ingenûment, qu'elle ne sçait que mettre son nom avec grande peine Et alors chacun a pensé ce qui vient d'abord dans l'esprit de tout le monde, qu'une Fille qui veut écrire une Lettre à son Directeur, & qui pense qu'au lieu où elle va elle ne trouvera personne pour lui prêter la main ; ne fait rien qui n'arrive tous les jours aux femmes sur tout qui ont la même incapacité d'écrire c'est à dire, de preparer une Lettre, & l'envoyer comme venant du lieu où elles sont : Voilà certainement bien de quoy crier à l'imposture.

Mais comment ces deux freres ne seroient-ils pas des imposteurs ayant voulu par cette Lettre faire passer leur Sœur pour une sainte. Icy l'aveuglement a saisi l'autheur des reflexions.

1° Si cela pouvoit resulter de cette Lettre, à qui étoit-elle adressée ? N'est-ce pas au Pere Girard ; & que lui auroit-on dit de si nouveau qu'il ne sçût deja

lui-même,

lui même ; car avant cette Lettre qui eſt du 19. May 1730. il avoit infatué les Freres, la Mere, toute la famille de la Demoiſelle Cadiere, le P. Grignet, & toutes ſes Penitentes ſtigmatiſées ; que cette Fille étoit une Sainte, il les avoit avertis de ſe trouver aux accidens d'Obſeſſion qu'elle avoit eus , & qu'elle devoit avoir , il les y avoit invités, il avoit publié lui-même la ſainteté de cette Fille , & declaré que ſes maux étoient divins ; on ne pouvoit donc le tromper ſur ce fait.

2°. Cette même Lettre qui ne devoit être adreſſée qu'à lui , ne pourroit pas avoir été compoſée pour faire paſſer la Demoiſelle Cadiere pour une ſainte dans l'eſprit d'aucun autre , puiſque ce n'étoit qu'à lui qu'on devoit l'envoyer qu'elle devoit reſter entre ſes mains, & qu'il dependoit de lui de ne la montrer à perſonne ; & même de la bruler.

Dira-t'il que la minutte de cette Lettre ſubſiſtant entre les mains de la Demoiſelle Cadiere, produiſoit toûjours le même effet. Mais cette minutte qui lui fut remiſe de bonne foy par la Demoiſelle Cadiere avec tous les papiers qu'elle avoit, n'étoit pas non plus ſortie juſqu'alors de ſa caſſette.

Il y a plus, où trouve-t'on dans cette Lettre ce pretendu certificat de ſainteté ? Cette Fille demande à ſon Directeur de prier pour elle dans le ſaint Sacrifice de la Meſſe : elle lui parle des peines qu'elle ſouffre dans l'état deplorable où elle ſe trouve , & qu'elle dit ne lui être pas inconnu : elle lui expoſe que la triſte experience qu'elle en fait tous les jours rend ſes eſperances vaines : elle lui fait part enſuite des conſolations qu'elle reçoit par la grande miſericorde du Seigneur, des effets particuliers de la grace qui veille toûjours ſur elle : qu'elle connoit par-là qu'une ame fidelle ne doit jamais craindre ni ſoupçonner les preſtiges , ni les erreurs, quand elle eſt conduite par la main toute puiſſante & toûjours miſericordieuſe de Dieu à l'égard des ames qui lui ſont chéries : elle l'excite par-là à la ſecourir par ſes prieres , & les lui demande avec empreſſement.

Voit-on dans toutes ces expreſſions aucun terme affirmatif de ſainteté ? Où ſont les miracles dont l'Auteur des reflexions ſupoſe , avec cette hardieſſe qui lui eſt propre, qu'il eſt parlé dans cette Lettre , pour en conclurre qu'on a donné à cette Fille le titre de ſainte.

Mais que dirons-nous s'il en reſulte que le P. Cadiere a voulu perſuader au P. Girard qu'elle prédiſoit l'avenir. Si cela étoit , nous aurions beaucoup à dire à quiconque voudroit le ſçavoir , mais au P. Girard nous ne lui dirions rien, parce qu'en ce cas il auroit ſçû par quel moyen ſa Penitente auroit pû faire des predictions.

Il s'en faut bien qu'on en trouve aucune dans cette Lettre ; il y eſt parlé veritablement en commençant , de ſon heureuſe arrivée le 19. du courant ſur les dix heures du matin. Il ne faut pas être prophete pour prédire que partant de Toulon à un certain jour pour venir à Aix, on peut arriver à une certaine heure, il n'y a perſonne qui entreprenant de voyager ne diſe , eu égard au moment qu'il ſe met en chemin ; qu'il arrivera à une telle heure au lieu où il va , & dont il connoit l'éloignement & la diſtance. Voilà toute la prédiction.

Cette Lettre contient-elle quelqu'autre fait qui regarde l'avenir ? Au contraire il y eſt dit que la Demoiſelle Cadiere eſt reſolue de declarer à ſon arrivée au P. Girard de vive voix toutes les miſericordes particulieres dont le Seigneur aura daigné la favoriſer pendant ſon éloignement.

Il y a plus , on voit encore par ce qui ſuit que le P. Girard , qui craignoit toûjours que cette Fille ne s'expliquât trop ſur la conduite qu'il lui faiſoit tenir, elle lui ayant aparamment dit avant ſon depart , qu'étant à Aix elle iroit voir le P. Boutier, prévient le P. Girard ſur ce qu'elle avoit reſolu là-deſſus ; ce qui prouve bien qu'elle avoit dicté cette Lettre au P. Cadiere ; car il ne pouvoit pas deviner qu'elle voulût voir le P. Boutier.

Elle dit donc : *Pour ce qui regarde le Reverend P. Boutier , je me trouve diſpoſée à lui aller parler juſques à un certain point , de peur de me livrer à de plus grandes peines , dans la volonté où je ſuis de me declarer à lui ſelon le bon plaiſir de*

Dieu. Si l'on peut apeller cela des prédictions , il n'y a personne qui ne doive se croire prophete.

Mais enfin (continuë l'autheur des reflexions) la prédiction n'a t'elle pas été fauſſe , puiſque la Demoiſelle Guiol dont il eſt dit , qu'elle ſe donne l'honneur d'écrire deux mots au P. Girard au bas de cette Lettre pour ce qui la concerne , n'a pourtant pas écrit ces deux mots , & n'a mis au bas que les deux lettres initiales de ſon nom. Cela eſt bien groſſier. La Guiol qui par les ſoins du P. Girard accompagnoit toûjours la Demoiſelle Cadiere dans ſes voyages , & qui fut de celui ci , ayant arrêté de partir avec elle , étoit-ce trop préſumer de penſer qu'elle ne refuſeroit pas de mettre deux mots au bas d'une Lettre pour temoigner ſes tendres empreſſemens au P. Girard ſon bon ami ; & ne ſuffit-il pas qu'elle eût deſigné ſon nom au bas de cette Lettre pour convenir qu'on ne s'étoit pas trompé de le croire ainſi ? Si l'on avoit voulu tromper le P. Girard par cet endroit , étoit-il difficile avant partir de faire ajoûter quelque choſe à la Lettre par cette femme ? D'où vient qu'il ne s'en étoit point aviſé , il étoit naturel d'interroger là-deſſus la Guiol au retour du voyage ſur cet article ; mais il faut l'en croire , il n'a eu des yeux qu'après le procez commencé , il étoit aveugle auparavant.

Quelques préciſes que puiſſent être ces raiſons , on a beau faire (nous dit encore le compoſiteur des reflexions) le Memoire qu'a fait le P. Cadiere après le retour contenant la relation du voyage , dément les diſpoſitions interieures de ſa Sœur , & en contient de contraires à celles qu'il avoit raporté dans la Lettre.

Cette reflexion eſt excellente ; elle prouve juſtement que le P. Cadiere ne peut avoir compoſé ni la Lettre ni le Memoire , & que c'eſt ſa Sœur qui lui a dicté l'un & l'autre ; car ſa Lettre ne fait mention que de l'état de peine où elle étoit ordinairement avant comme après ſon depart , & le Memoire raporte des faits qui lui ſurvenoient dans ce même état , c'eſt-à-dire , les Viſions qu'elle avoit , ou croyoit d'avoir depuis l'Obſeſſion que le P. Girard lui avoit conſeillé d'accepter : or le P. Cadiere ne pouvoit deviner ces Viſions.

D'ailleurs quel fondement peut-on faire ſur ce Memoire qui n'eſt point achevé , pour en induire des contradictions avec la Lettre ; ce Memoire ne peut ſervir à prouver que la complaiſance du P. Cadiere d'avoir écrit bonnement ce que lui dictoit ſa Sœur , & la grande ſimplicité , la déference aveugle qu'elle avoit pour ſon Directeur de lui remettre juſqu'au moindre chiffon de papier ; voilà certainement de belle preuves pour en conclurre que le P. Cadiere a voulu tromper le P. Girard , & qu'il a comploté contre lui.

Il auroit bien mal pris ſes meſures de concerter un complot par ces deux pieces , & il auroit été bien groſſier d'écrire un Memoire contraire au contenu de la Lettre ; ſa Sœur ayant alors entre les mains la minutte de cette Lettre , étoit-il difficile au P. Cadiere de la concilier avec le Memoire s'il l'avoit compoſé ; c'étoit être bien mauvais comploteur de ne pas prendre cette précaution.

Mais l'Autheur des reflexions prétend d'avoir découvert de bien plus fortes preuves ſur les autres minuttes des Lettres ; le P. Cadiere a beau dire qu'il ne faiſoit qu'écrire ce que ſa Sœur lui dictoit , cela eſt démenti par les ratures dont ces minutes ſont pleines , & qui marquent ſi bien un homme qui compoſe , qui efface , & qui corrige à grand loiſir.

Cette découverte n'eſt pas la ſeule , il en a fait bien d'autres : il a vû dans la minutte de la Lettre qu'il datte du 9. Août , une énonciation que la Demoiſelle Cadiere étoit malade , qu'elle gardoit le lit : charmé de cette obſervation , il demande aux freres Cadiere avec une fierté de Jeſuite , Qui a écrit cette Lettre ? qu'ils lui expliquent comment il a pû ſe faire que leur Sœur , de ſon lit , auſſi malade qu'elle le dit , la leur ait dictée ? Car il eſt aſſuré (dit-il) qu'ils n'étoient pas alors dans le Monaſtere.

Dans un autre minutte de la lettre du 15. Août , autre impoſſibilité qu'elle ait été dictée au P. Cadiere ; car qui peut douter qu'il ne fût ce jour-là dans ſon Couvent de Toulon ? la ſolemnité étoit trop grande pour s'exempter du Chœur & de la Procession generale qui se fait à Toulon avec un très-grand appareil.

Comment pouvoir resister à ces preuves, elles sont invincibles, c'est la conséquence qu'il en tire ; il n'y a plus de ressource, le P. Cadiere & son frere sont convaincus d'avoir eux mêmes composé toutes les Lettres de leur Sœur , d'avoir trompé son Directeur par un indigne artifice en lui racontant de faux miracles , & d'avoir profané , ce qu'il y a de plus saint dans nôtre Religion , on n'a qu'à lire ces Lettres pour s'en convaincre.

Le P. Girard, ou le boüillant Autheur de ces reflexions n'a-t'il pas dû craindre qu'en raisonnant ainsi sur les énonciations qui se trouvent dans les minutes de ces trois Lettres ; les gens sages qui aiment un peu à creuser , frapés des affreuses conséquences qu'il en veut tirer, ne s'arrêtent un moment à considerer en quelle occasion l'on pût dire avec verité que ce qu'il y a de plus saint dans nôtre Religion a été prophané , & qu'alors l'imagination déja enuüe de tant d'objets si étonnants que presentent les faits de ce procez , ils doutent qu'il puisse venir naturellement dans l'esprit de quiconque a le sens commun , que répondre aux Lettres spirituelles d'un Directeur par d'autres Lettres également spirituelles où l'on ne croit apercevoir qu'une correspectivité des mêmes sentimens de pieté , ce soit le tromper quand même la Penitente n'auroit pas dicté ces Lettres , & qu'un autre les auroit composées pour elle.

Moins encore pourra-t'il se trouver quelqu'un qui soit capable de penser , que tromper un Directeur par un artifice de cette espece, qui à tout prendre ne sçauroit jamais paroitre que très-innocent, cela puisse être apellé prophaner ce qu'il y a de plus saint dans nôtre Religion.

Delà le lecteur sensé qui raisonnera , cherchant des exemples pour éclaircir & se confirmer dans ses idées, ne manquera pas de dire, que profaner ce qu'il y a de plus saint dans la Religion, c'est bien plûtôt diriger une jeune Fille pendant deux années & demi en la laissant dans un état d'Obsession que le Directeur a lui-même conseillé : en l'entretenant dans les effets & les suites funestes de cet état, au lieu de l'en desabuser : en lui faisant entendre que ses maux étoient Divins , qu'elle étoit une Sainte , & en le certifiant ainsi par écrit : en la confessant deux fois par semaine , la laissant dans cet aveuglement, & la faisant toutes fois Communier tous les jours : en assurant à ceux qui étoient les témoins des accidens extraordinaires où cet état la plongeoit ; & sur-tout les Religieuses d'Ollioules , que c'étoit des faveurs du Ciel, que Dieu avoit pour cette Fille une predilection singuliere , que l'eau dont on lui avoit lavé le visage couvert de sang lors qu'il entra dans le Couvent le jour de la transfiguration du 7. Juillet devoit être conservée, qu'elle fairoit des miracles, & qu'elle en avoit fait à Toulon : en faisant enfin succeder à l'action de graces de la Messe qu'il venoit de dire aux Religieuses, ces colloques si suspects qu'il avoit avec cette Fille à la grille du Chœur, la porte interieure fermée , faisant ainsi servir Dieu à ses iniquités , comme dit l'Ecriture, & l'insultant dans son Temple & sur ses Autels.

Tous ces faits dont le P. Girard est convaincu par la procedure , ainsi rapellés , sera-t'on en peine de comprendre ce que c'est que prophaner ce qu'il y a de plus saint dans nôtre Religion, & de connoitre qui merite mieux le nom de profanateur, ou le P. Cadiere pour avoir écrit les minuttes de ces Lettres, ou les P. Girard, qui tenant avec sa Penitente une conduite si criminelle, veut persuader qu'il a été trompé.

Nous pourrions après cela nous tranquiliser sur les vaines observations qu'il fait sur ces minuttes, il pretend que les ratures qui s'y trouvent doivent justifier que le P. Cadiere les a composées : il parle en cela contre la vrai semblance ; car un homme qui compose à grand loisir comme il dit, efface & corrige bien moins que lors qu'il ne fait qu'écrire ce qu'un autre lui dicte, sur tout lors que c'est une Fille, d'ont l'imagination est ordinairement plus vive, qui a l'esprit moins recüilli & plus agité qu'un homme, qui est bien plus le maitre de ses reflexions lors qu'il écrit tête réposée.

Mais que repondrons-nous à la minutte de la Lettre qu'il a plû au P. Girard de datter du 9. Aoust, & dans laquelle la Demoiselle Cadiere dit : *Je suis au lit depuis trois jours.* Elle étoit au lit (dit l'apostillateur de cette Lettre) comment pouvoit elle dicter à ses freres qui étoient certainement hors du Couvent où ils ne sont jamais entrés que le 25. Aoust avec M. l'Evéque de Toulon.

Il paroit bien que la lueur presentée d'abord par cette expression, l'a emporté sur la reflexion. La Demoiselle Cadiere disoit *je suis au lit*, dans le même sens qu'elle dit en commençant la Lettre, *je vous écris celle-cy* ; il est pourtant de fait qu'elle n'écrivoit point, puisque comme nous l'avons deja fait observer, elle sçait à peine écrire son nom.

Elle dit qu'elle est au lit depuis trois jours ; mais de la maniere dont elle le dit, est il impossible de croire qu'elle n'a pû se lever pour une demi heure, & venir dicter cette Lettre au Parloir ; les maux de cette Fille lui donnoient du relache, le P. Girard nous aprend lui-même par sa réponse au 116. Interrogat, que le même jour de la transfiguration du 8. Juillet qu'il entra au Couvent, il trouva la Demoiselle Cadiere qui étoit dans son lit, que de là il alla dire son Office dans le Chœur, pendant lequel tems elle se leve, & qu'ayant mangé un potage, elle alla avec lui, la Superieure, & plusieurs autres Religieuses visiter le Couvent.

Si doncques le même jour que cette Fille avoit été plus couverte de sang que le jour de cette Lettre, elle put se lever, & accompagner le P. Girard dans la visite du Couvent, pourquoy n'aura t'elle pû avoir un moment de relache pour dicter une Lettre au Parloir, pressée comme il paroit qu'elle l'étoit de satisfaire aux desirs impatiens de son Directeur.

Car il est bon de remarquer en passant que cette Lettre supose necessairement qu'il lui avoit écrit depuis la precedente du 6. Aoust, c'est-à-dire, trois jours auparavant celle dont il s'agit ; puisqu'on y voit qu'elle se justifie sur ce qu'elle lui avoit fixé le jour qu'il viendroit la voir, lui disant qu'elle ne s'y étoit portée que par la connoissance que le Seigneur lui en avoit donné ; & ce qui prouve encore mieux qu'il y avoit une Lettre du P. Girard entre les deux du 6. & du 9. de la Cadiere, c'est ce qu'elle ajoûte ensuite de ces expressions, je suis au lit depuis trois jours & mes maux augmentent toûjours : *Je vous en fairois bien ici (dit-elle) le detail comme vous me le marqués, mais pour le present il ne m'est pas permis de vous l'exposer.*

Une autre circonstance qui fait bien voir encore que cette Fille ne parloit d'être au lit qu'en la maniere qu'elle avoit coûtume d'y être, c'est-à-dire, par intervalle, c'est qu'en disant le 9. *je suis au lit depuis trois jours*, il faudroit croire qu'elle y étoit lors de la precedente Lettre du 6. ; cependant on ne trouvera rien dans cette même Lettre du 6. qui puisse le faire comprendre.

Il faut enfin pour persuader qu'une chose n'est pas possible, qu'on ne puisse en tirer aucune consequence qui ne soit impossible, *impossibili antecedente impossibile quoque consequens esse necesse est*, disent les Philosophes *Impossibile est cui natura impedimento est*, dit un de nos Jurisconsultes. Or ici il ne repugne ni à la nature ni à la vraisemblance, qu'une personne qui étoit au lit malade le 9. & qui ne l'étoit plus le 11. veille de Sainte Claire, ainsi qu'il est dit dans le sommaire de cette Lettre, c'est-à-dire, deux jours aprés, n'ait pû se lever pour la dicter au P. Cadiere.

Cela repond en même tems à la pretenduë impossibilité que le P. Cadiere se soit trouvé à Ollioules le jour de la Lettre du 15. Aoust. Cet alibi fondé sur la necessité d'être à son Couvent ce jour là, & d'assister à la Procession, est assés ingenieusement imaginé. La Procession du jour de l'Assomption de la Sainte Vierge finit à quatre heures, il est fort extraordinaire de penser que le P. Cadiere n'ait pû aller ensuite à Ollioules qui n'est éloigné de Toulon que d'une petite lieuë dans les grands jours de l'Eté.

Voilà ces preuves invincibles qui donnent lieu à l'Autheur des reflexions de conclurre que le P. Cadiere & son frere sont convaincus d'avoir composé toutes

les

les Lettres de leur Sœur , d'avoir trompé le P. Girard en lui racontant des faux miracles , & d'avoir profané ce qu'il y a de plus faint dans la Religion : & après avoir montré qu'il n'y a que cet indigne Directeur capable de pareil crime, toutes les exagerations de son furieux deffenseur, quel effet peuvent elles operer, si ce n'est de femer du vent pour ne recüeill r que des tourbillons & des tempêtes.

Il nous fournit lui-même de quoy le lui prouver par le reste des reflexions qu'il fait dans ce préliminaire : on peut dire que c'est ici la matiere du second acte de sa piece : l'on y voit un changement de theatre , une autre scéne, d'autres acteurs, l'Auteur y vient representer de nouveaux personnages , & faire une autre genre de declamation.

Selon les reflexions que nous venons de raporter , le Pere Girard est un Directeur qui a été trompé, noirci, calomnié par les Lettres que le P. Cadiere à composées.

Selon les reflexions que nous allons voir , le P. Girard n'a point été trompé, ces mêmes Lettres suffisent pour le justifier de la calomnieuse accusation qu'on lui fait, il dit que ces Lettres seules, soit que la Demoiselle Cadiere les ait dictées ou non, sont à quiconque les lira, une demonstration complette & hors de tout soupçon de son innocence.

Il fait là-dessus plusieurs tentatives pour le persuader , dont on voit asses l'affectation & l'inutilité maintenant que les crimes de ce Directeur font decouverts par son propre Aveu ; il tombe même dans des contradictions qui marquent l'embarras où il est : comme quand il dit au N°. 3. pag. 4. que les Lettres de la Demoiselle Cadiere sont pleines de sentimens de pieté & de tout ce qui peut plaire à Dieu : au N°. 4. qu'on ne parle dans ces Lettres que de Visions & de Revelations toutes propres à nous éloigner du crime & à nous unir à Dieu de la maniere la plus intime & la plus genereuse ; ne se souvenant plus de ce qu'il venoit de dire sur la fin de la page precedente , que toutes ces visions sont la preuve de l'insigne fourberie des freres Cadieres & de leur Sœur.

Il est si court de mémoire qu'en poursuivant N°. 5. il tombe dans une autre contradiction plus surprenante. Il dit qu'on apercevra que ces Lettres qu'il vient de representer quelques lignes auparavant comme pleines de sentimens de pieté & de tout ce qui peut plaire à Dieu, se trouvent remplies de beaucoup d'impertinences , & sur-tout de vanité , & qu'il ne pouvoit alors se persuader que cette Fille fût aussi méchante & aussi scelerate qu'il auroit fallu le croire , & qu'on le reconnoît à present.

Il ajoûte au N°. 6. que ces Lettres decouvrent de quoy il s'agissoit entre lui & sa Penitente , puisque les Lettres de celle-cy ont une relation essentielle à ce que son Directeur lui écrivoit , ou lui disoit de bouche dans ses visites.

Il dit enfin que les Lettres de la Demoiselle Cadiere ne laisseront plus aucun doute sur la verité & la realité des Lettres du P. Girard dont il a communiqué les originaux , reconnus veritables par sa Penitente , avoir é é renvoyées à son Directeur.

De-là continuant d'exalter sa pieté , il se morfond en raisonnemens pour faire voir qu'il n'a point refait ses Lettres ; qu'il n'est pas possible de le presumer, puisqu'on s'en sert pour en induire qu'elles ressentent le Quietisme, & qu'on y trouve des expressions enflamées d'amour; qu'une preuve qu'il ne les a pas refaites , c'est d'y voir encore revenir si souvent ces termes, *ma chere enfant , ma petite fille , mon Ange* , & le reste dont il prévoyoit bien qu'on abuseroit comme de la Lettre du 21. Juillet.

Il tache ensuite de rectifier le sens qui resulte des termes de cette Lettre du 21. Juillet par la teneur de la Lettre du 30. en réponse d'une autre que la Demoiselle Cadiere lui avoit écrit le 19. , & il dit qu'en suposant même le mauvais sens qu'on donne à cette Lettre du 30. , ce seroit également une preuve qu'il ne l'a point refaite.

Il nie après cela d'avoir écrit d'autres Lettres que celles qu'il produit , excepté neuf ou dix qu'il veut faire entendre ne lui avoir point été renvoyées par la Demoiselle Cadiere ; tandis qu'elle lui a remis jusqu'aux minuttes , jusqu'au moindre bout de papier qu'il produit lui même ; il veut toute fois persuader qu'elle à retenu les Lettres du 20. & 21. Juillet dont le P. Girard se tient soigneusement saiſi ; l'on en voit aſſés la raiſon ; trois Lettres en trois jours de l'eſpece de celle du 2 2. Juillet qui paroit, ne lui laiſſeroient plus de pretexte, il falloit ſe taire ; il a pourtant l'imprudence d'interpeller la Demoiſelle Cadiere de lui montrer ces deux Lettres, & comme la direction d'intention ne manque jamais de venir au ſecours, il avoüe enſuite d'en avoir reçû quatre autres, dont il dit qu'il en a égaré deux, & que ne pouvant produire les deux qui lui reſtent ſans trahir le ſecret de la confeſſion, il aime mieux tout abandonner à la divine Providence, que d'employer ce moyen pour juſtifier ſon innocence, quoique le P. Nicolas Carme l'ait employé pour perdre un innocent.

O la belle ame ! O modele parfait & inimitable de generoſité ! O excez d'une charité peu commune & de la grande charité ! Tandis que ſa Penitente revele elle-même ſa propre Confeſſion, & qu'il ne s'agit que des Lettres qu'il lui a écrit ſur ſon interieur du propre aveu de ce Directeur, à moins qu'on ne veüille dire que par ces deux Lettres qu'il cache il lui a pareillement revelé l'interieur de quelqu'un autre : tandis qu'en un mot le miſtere d'iniquité eſt aujourd'hui devoilé ; il aime mieux tout abandonner, & paroitre coupable, que de montrer deux Lettres qui juſtifieroient ſon innocence. Exemple rare en la perſonne d'un Jeſuite, s'il n'étoit démenti par les actions de ce Directeur hypocrite, qui ne prouvent que trop ſa criminelle habileté à realiſer le menſonge & les illuſions.

Mais revenons aux aſſertions de l'Auteur des reflexions. Il n'y a ſuivant lui, dans les Lettres de la Demoiſelle Cadiere que des ſentimens de pieté, de l'horreur du peché, & de tout ce qui peut déplaire à Dieu : les Viſions, les Revelations dont il eſt parlé dans ces Lettres, ſont toutes propres à nous éloigner du crime, & à nous unir à Dieu : elles ont une relation eſſentielle à ce que ſon Directeur lui écrivoit, *ou lui diſoit de bouche dans ſes viſites*, ce ſont les propres termes dont il ſe ſert à la pag. 4. art. 6. de ſon préliminaire ; le P. Girard n'a point refait ſes Lettres, il les auroit purgées entierement en les refaiſant, de toutes expreſſions de Quietiſme, de tous les ſentimens d'un amour dereglé, il n'auroit pas été ſi ſtupide & ſi inſenſé de l'oublier ; les réponſes que la Demoiſelle Cadiere faiſoit à ſes Lettres ſont pleines de ſentimens opoſez à ce deteſtable amour, & ne reſpirent que le détachement parfait de toutes choſes. Comment eſt-il donc poſſible que ſi le P. Girard lui a écrit des Lettres galantes, ſuivant ce que diſent le P. Cadiere & ſon frere, elle ne lui ait jamais rien répondu que des très-édifiant.

De là l'Auteur enthouſiaſmé de ſes reflexions, nous interroge, nous interpelle, nous avertit de prendre garde à ce que nous dirons ſur ſes Lettres : que pour le perdre nous ne nous perdions nous-même & nôtre Sœur avec nous. *Et qui) nous demande t'il) entretenoit ce commerce de Lettres, à peine vôtre Sœur ſçavoit écrire dites-vous ? Qui répondoit à ces Lettres infames dignes du feu auſſi bien que leur autheur ? Qui les recevoit ces Lettres ? Qui les voyoit ? Qui les liſoit ? Qui étoit confident de cet abominable ſecret ? Qui proſtituoit ainſi vôtre Sœur à la lubricité d'un Prêtre ? Vous vous taiſez, vous rougiſſez, cela ne vous ſuffit pas ; il faut bon gré malgré que vous en ayiez que vous vous condamniez vous-même, il faut que vous l'avoüiez, ce ne ſera pas la verité qui vous obligera à cet aveu, vous ne la connoiſſez pas, vous l'avez cent fois parjurée : mais ce ſera la pure neceſſité. Oüi la Providence a bien voulu pour la juſtification d'un innocent, qu'on vous les repreſentât ces Lettres ; Connoiſſez-vous vôtre écriture ? C'eſt vous Religieux qui deshonnorez un Ordre ſaint & reſpectable, c'eſt vous qui avés compoſé les minutes de ces Lettres ; & vous Prêtre indigne de vôtre caractere, c'eſt vous qui les avez miſes au net. Il n'y a point de milieu, & vous ne pourrez nous échaper. Ou les Lettres du P. Girard étoient telles que vous dites, & dez lors vous voyez la conſequence qu'il en faut tirer contre vous ; ou c'étoit des Lettres de pieté & d'édification auſquelles vôtre Sœur par vôtre moyen répondoit à ſa maniere hipocrite, ou plûtôt à la vôtre ; & dez lors vous êtes d'infames Calomniateurs. Encore un coup choiſiſſez, car il n'y a point de milieu ; Que la force de la verité eſt grande ! tandis que le menſonge avec tous les artifices dont on le munit, ne peut ſe ſoûtenir.*

Cette tirade de raisonnemens étoit trop belle comme l'on voit, pour ne pas les rendre en entier, l'Auteur auroit pû s'en offenser ; ce seroit lui faire tort en effet, de laisser ignorer aux Lecteurs, qu'il sçait bien faire une Creye, & qu'en bon Rethoricien il sçait encore employer une Prosopopée dans le besoin

Mais qu'il nous soit permis d'examiner un peu si le feu de l'imagination n'auroit pas plus de part aux figures bien fades & bien inutiles de nôtre Declamateur, que la verité, & nous verrons ensuite s'il n'y aura pas lieu de lui retorquer ses conséquences.

1°. Les Lettres de la Demoiselle Cadiere sont remplies de sentimens de pieté, de l'horreur du peché, & de tout ce qui peut déplaire à Dieu, elles ont une relation essentielle à ce que son Directeur lui écrivoit.

Doncques le P. Cadiere à qui sa Sœur a dicté ces Lettres n'a point trompé le P. Girard quand même il les auroit composées, puisqu'elles ne contiennent, selon lui, que les mêmes sentimens de pieté.

2°. Le P. Girard n'a point refait ses Lettres, elles sont si Chrétiennes, si édifiantes, si pleines de l'esprit de Dieu, & d'un zéle si ardent pour sa gloire & pour la perfection de l'ame qu'il dirigeoit, que la Demoiselle Cadiere & ses supots n'y ont point trouvé de replique, qu'en disant que ces Lettres ne sont pas les mêmes que celles qu'il avoit écrites.

Mais si cela étoit vrai, pourquoi les auroit il envoyé reprendre avec tant d'empressement par la Gravier une de ses Devotes ? Qu'avoit il à craindre de les laisser entre les mains de la Demoiselle Cadiere. elle n'auroit pû les montrer sans faire l'apologie de son Directeur, & sans se trahir elle-même.

3°. S'il avoit refait ces Lettres, il les auroit purgées des expressions & des sentimens dereglés qu'on lui impute, ce qu'on ne peut presumer sans le prendre pour un stupide & un insensé ; doncques il ne les a point refaites.

La consequence est mauvaise : il falloit nous avoir dit auparavant comment il auroit pû refaire ses Lettres sans les ajuster au sens des réponses que lui faisoit sa Penitente ; en quoi il auroit encore bien plus laissé voir la supercherie & ses artifices.

4°. Si ses Lettres ont un mauvais sens, si l'on y decouvre des sentimens de corruption, de lubricité, le P. Cadiere & son frere qui reçevoient, qui voyoient, qui lisoient ces Lettres, qui étoient les confidens de cet abominable secret, ont donc entrenu un commerce execrable entre leur Sœur & le P. Girard ? Cette consequence est encore très-fausse, parce qu'elle supose que le P. Cadiere & son frere ont vû ces Lettres, ce qui est également faux.

En voici la preuve : Elle resulte des réponses que la Demoiselle Cadiere a fait écrire au P. Cadiere sous son dictamen. Il n'y a qu'à jetter les yeux sur la Lettre du 11. Juin 1730. pag. 11. du recüeil imprimé, la Demoiselle Cadiere n'étoit alors au Couvent que depuis six jours, elle n'avoit envoyé qu'une seule Lettre au Pere Girard pour lui anoncer son arrivée ; celle du 11. Juin dont nous venons de parler fut la seconde ; & il faut noter qu'elle avoit été precedée dans cet intervalle de six jours, de deux Lettres du P. Girard, comme on le voit au même Recüeil page 10.

Or par cette Lettre du 11. non seulement on n'y trouvera nul raport aux deux precedentes du P. Girard, ce qui fait bien voir qu'elle ne les montroit point à ses freres, & que le P. Cadiere ne faisoit qu'écrire ce que sa Sœur lui dictoit, mais on y voit de plus, qu'elle lui faisoit un mistere des sentimens que le P. Girard lui inspiroit. *Vingt fois le jour je soupire* (est il dit dans cette Lettre) *aprez l'heure favorable où je pourrai vous voir, pour vous communiquer de vive voix, ce fonds de mes miseres, ne pouvant me communiquer à tout autre.* Plusieurs lignes aprés, elle fait ajoûter ce qui suit : *Pour ce qui est de la playe du D. & G. aussi bien que la T., elles ont été fermées jusqu'à hier au soir où elles ont commencé de prendre leur cours ordinaire :* & ensuite en finissant la Lettre, elle dit encore : *je me reserve à vous developer de vive voix bien de petits secrets que je n'ose vous exposer par écrit.*

On voit auſſi dans la Lettre du 21. Juillet pag. 21. du Recüeil, ces autres termes. *J'ay reçû la viſite de vôtre chere fille (la Guiol) elle vous dira de vive voix ce que je ne puis vous marquer ici par écrit.*

Ainſi la Demoiſelle Cadiere dictoit ſes Lettres, elle expoſoit en termes decouverts ſes incomodités, mais elle n'expliquoit que par énigme les veritables peines où elle étoit, & lors qu'elle croyoit ne pouvoir les faire entendre au P. Girard, elle le reſervoit de les lui dire de vive voix, & chargeoit la Guiol ſa chere confidente de les lui aprendre; le P. Cadiere ne voyoit & n'étoit inſtruit en écrivant ces Lettres que des accidens de ſa Sœur, des ſentimens pieux qu'elle marquoit au P. Girard, de ſes beſoins ſpirituels; pouvoit-il comprendre autre choſe lors qu'elle parloit du fonds de ſes miſeres ? Il y alloit de bonne foy, prevenu qu'il étoit alors par la reputation de ce Directeur.

Il eſt donc faux qu'il ait pû entendre ni penetrer en écrivant les réponſes de ſa Sœur aux Lettres du P. Girard qu'il ne voyoit pas, & dont elle lui faiſoit un miſtere; qu'il y eût de la part de ce Directeur rien d'aprochant du moindre dereglement, & qui puiſſe le faire ſoupçonner d'avoir contribué à entretenir un pareil commerce.

Mais il y a plus, & voici une derniere preuve qui achevera de decouvrir l'impoſture que lui fait le P. Girard d'avoir compoſé ces Lettres. L'autheur des reflexions entrainé par le goût où il eſt de placer une figure de Rethorique, ne s'eſt plus ſouvenu qu'il venoit de dire en la page 4ᵐᵉ. de ſa declamation No. 6. ainſi que nous l'avons deja fait obſerver, que les Lettres de la Demoiſelle Cadiere ont une relation eſſentielle à ce que ſon Directeur lui écrivoit; *ou lui diſoit de bouche dans ſes viſites :* ce qui prouve de ſon propre aveu, que par-deſſus ſes Lettres, il avoit des entretiens ſecrets avec elle; cela reſultera encore pleinement de la procedure, & par ſa réponſe au 123. Interrogat, où il avoüe de l'avoir vûe ſeule au Parloir tête à tête.

Cela ainſi conſtaté, ne pouvons-nous pas lui rendre ſes propres termes : *Il n'y a point ici de milieu, vous ne pourrés nous échaper.* Ou vous avés reconnu par les réponſes que la Demoiſelle Cadiere faiſoit à vos Lettres, qu'elles ne convenoient point à ce que vous lui aviés dit de bouche dans vos viſites & vos entretiens ſecrets, ou vous avés compris que les réponſes convenoient : Si vous avés reconnu qu'elles ne convenoient point, d'où vient que vous y avés ſi exactement repondu ? Que ſi vous avés reconnu qu'elles convenoient, le P. Cadiere ne peut donc pas les avoir compoſées, il n'a jamais été admis à vos tête à tête, vous n'auriés eu garde d'y ſouffrir ſa preſence, vous n'aviés pas beſoin de témoins, vous faiſiés fermer les portes.

Il faut donc neceſſairement que ſa Sœur lui ait dicté les Lettres, le P. Cadiere ne pouvoit pas deviner; vous êtes donc vous-même *l'infame Calomniateur* lorſque vous imputés au P. Cadiere d'avoir complotté avec ſa ſœur, compoſé ſes Lettres pour vous tromper. *Encore un coup choiſiſſez ?* Et ſouffrez que nous vous diſions à nôtre tour, *Que la force de la verité eſt grande ! Tandis que le menſonge avec tous les artifices dont on le munit ne peut ſe ſoûtenir.*

L'autheur des Reflexions n'a-t-il pas bien raiſon après cela de vouloir que nous ſoyions contraints bon gré malgré de nous condamner nous-même, de nous reprocher que nous ne connoiſſons pas la verité, & que nous l'avons cent fois parjurée, de dire enfin au P. Cadiere qu'il deshonnore un Ordre ſaint & reſpectable.

Oui, ſans doute, cet Ordre eſt ſaint & reſpectable, & le ſacré depôt de la verité n'y a jamais été alteré. La Doctrine que profeſſent les Enfans de Saint Dominique & les Diſciples de St. Thomas, ne leur a jamais appris celle de la direction d'intention, non plus que l'uſage des équivoques & de reſtrictions mentales; il n'y a que ceux qui croyent & qui enſeignent, que l'on peut mettre en pratique cette ſçience abominable, & jurer ainſi en ſûreté de conſcience, à qui l'on puiſſe reproche d'avoir cent fois parjuré la verité.

Enfin l'Autheur des reflexions acheve ſon préliminaire comme il l'a commencé, il veut rendre le P. Cadiere coupable des mauvaiſes idées que la Lettre du 22. Juillet a donné du P. Girard, il pretend que c'eſt le P. Cadiere qui a produit cette Lettre, & qu'il l'a commencée d'une maniere à offenſer les oreilles les moins chaſtes : que les expreſſions de cette Lettre ſont juſtifiées par deux autres de la Demoiſelle Cadiere, dont l'une eſt du même jour 22., & l'autre du 24. Juillet, & qu'elle-même a declaré dans ſon Interrogatoire avant ſa retractation, qu'elle avoit été écrite dans l'eſprit de Dieu.

Le P. Cadiere n'a ni compoſé ni produit cette Lettre ; ce n'eſt ni lui, ni ſon Avocat qui l'ont commentée ; & ſi le commentaire qu'on en a fait après l'Expoſition de la Demoiſelle Cadiere, a offenſé les oreilles moins chaſtes, eſt ce au P. Cadiere ni à aucun autre qu'on doit l'imputer ; N'eſt-ce pas au P. Girard lui-même, qui a fourni la matiere du commentaire ? Et après les aveus qu'il a faits dans ſes réponſes de la conduite criminelle qu'il a tenu auprès de ſa Pénitente : de tant d'aſſiduités & d'empreſſemens à la voir, à la viſiter, à être toûjours avec elle, & ſur tout de s'être enfermé ſeul à ſeul dans la chambre de cette Fille ſous la clef : d'avoir veillé ſi ſoigneuſement ſur l'état où il l'avoit reduite, d'avoir examiné avec tant de curioſité & une ſi grande attention les ſuites horribles du ſoin qu'il s'étoit donné de lui porter à boire ; n'eſt-ce pas lui, qui par tant de coupables démarches, que le poids & la ſindereſe de ſa conſcience l'ont réduit à manifeſter, n'eſt-ce pas lui qui a preſenté, à quiconque veut s'en ſervir, la clef du miſtére d'iniquité qui eſt renfermé dans cette Lettre, & dans les autres par leſquelles ſon Apologiſte veut aujourd'hui qu'on doive l'expliquer ?

Le P. Cadiere avoit-il vû cette Lettre, non plus qu'aucune des autres dans leſquelles ce miſterieux Directeur ſçavoit ſi bien déguiſer ſes ſentimens & ſes deſirs dereglez ſous le voile ſpecieux & reſpectable de la Religion : Quand même le P. Cadiere auroit vû ces Lettres, quand il les auroit lûës (ce qui n'eſt jamais arrivé) que lui auroient-elles preſenté, qu'un langage muet, dont la liaiſon & la tournure ne lui permettoient pas d'y découvrir autre choſe que de principes de zéle & de charité.

C'étoit dans cette prévention qu'il écrivoit les réponſes que ſa Sœur lui dictoit, & que l'on voit toûjours mêlées avec les divers accidens qui ſurvenoient à cette Fille dans les intervalles des Lettres que le P. Girard lui envoyoit ; ce qui fait bien voir que le P. Cadiere, qui ne pouvoit être témoin de ces accidens, ſa Sœur étant dans le Couvent, n'avoit d'autre part à ces réponſes que celle que ſa Sœur vouloit lui donner.

Le prudent Auteur des reflexions l'avoüe lui-même ſans y penſer, lorſqu'il demande par ſa Notte ſur la Lettre de la Demoiſelle Cadiere écrite le même jour que celle du 22. Juillet, *Comment ſes freres peuvent s'excuſer d'avoir écrit de pareilles ſotiſes.*

La Demoiſelle Cadiere par cette Lettre rendoit compte au P. Girard ainſi qu'il le lui avoit ordonné, d'une Viſion extraordinaire qu'elle avoit eu le Jeudy au ſoir, c'eſt-à-dire, le 20. Juillet, car la Fête de la Magdeleine qui eſt toûjours fixée au 22. ne fut l'année derniere que le Samedi.

Or ſi la Lettre dont il s'agit que le P. Girard écrivit le même jour 22., & que le premiere ligne dit être la troiſième en trois jours, doit être interpretée par les deux precedentes de la Demoiſelle Cadiere, dont le P. Girard a prudemment ſuprimé les réponſes ; Que penſoit-il de ces Viſions, les regardoit-il comme des ſotiſes ? *Je rends mille graces à nôtre Seigneur* (dit-il dans cette Lettre du 22.) *de la continuation de ſes miſericordes. Pour y répondre, ma chere Fille, oubliez-vous & laiſſez faire : ces deux mots renferment la plus ſublime perfection.* L'apoſtillateur ajoûte *que cela veut dire qu'elle ne doit pas tant s'écouter ſur les maux qu'elle pretendoit ſouffrir.* Paſſons-lui ſon interpretation dans le même ſens plâtré qu'il veut nous la donner ; il s'enſuivra toûjours que le P. Girard n'enviſageoit pas, ne prenoit pas pour des ſotiſes ces maux, qui n'étoient autre choſe que les Viſions à lui raportées par ſa Pénitente, comme on le voit encore par toutes les autres reponſes.

Et cela ne le fait-il point paroitre aujourd'hui encore plus coupable ; car ſi ces Lettres n'avoient été écrites que dans un eſprit d'édification & de charité, connoiſſant que ces maux, que ces Viſions étoient de ſotiſes, auroit-il dû ſe taire ſur un article de cette importance ? Ne devoit-il pas l'en reprendre ſeverement & l'en deſabuſer ? Et s'il faut encore expliquer ſa Lettre du 22. Juillet par la Lettre que la Demoiſelle Cadiere lui écrivit le 25. (car c'eſt la datte qu'on lui donne dans le Recüeil pag. 25. & non du 24.) on voit par celle cy que cette Fille lui rapellant les ſentimens qu'il lui avoit marqués ſur ſon état , lui repond en ces termes ; qui font bien comprendre qu'il les aprouvoit. *A l'égard de mes diſpoſitions , je benis le Seigneur de vôtre grand courage à m'exhorter de plus en plus à la perſeverance. Les victoires à ce que je vois vous font plaiſir , mais peut-être que le combat vous feroit peur , au reſte ſoyez aſſuré que je remplirai exactement vos ordres.*

Le P. Girard ne deſapprouvoit donc point ces Viſions ; il ne les traitoit pas de ſotiſes, elles étoient au contraire pour lui un motif d'actions de grace à Dieu de la continuation de ſes miſericordes.

Quel tort avoit alors le P. Cadiere de le penſer de même en écrivant les réponſes que ſa Sœur lui dictoit ; & pourquoi lui imputer aujord'hui de n'avoir pas connu le ſens corrompu de cette Lettre , qui ne lui fut pas plus montrée que les autres , & que le P. Girard n'a expliqué lui-même que par ſes propres aveus , ainſi que nous verons de le faire obſerver.

Trouvera-t'on dans tout cela de quoi fonder les affreuſes conſequences qu'il plaît à l'Auteur de ce préliminaire d'en tirer ; que les plus grands crimes ne content rien au P. Cadiere & à ſa Sœur : qu'ils ſont capables & convaincus de ce qu'il appelle des forfaits : qu'on ne doit plus les écouter ſur rien : que pour couvrir leur honte , ils n'ont épargné ni argent ni promeſſes pour engager deux Servantes à faire des faux ſermens , & que c'eſt là leur unique reſſource.

Si la fureur ne s'en mêloit point , pouvoit-on raiſonner ſi peu conſequemment : La Demoiſelle Cadiere avoit raconté ſes Viſions à ſes freres , ainſi qu'aux autres Penitentes du P. Girard , ils croyoient comme elle que tout cela venoit de Dieu , le P. Girard les confirmoit dans cette idée , en aſſurant que c'étoit des maux Divins , le langage traveſti de ſes Lettres étoit ajuſté à ces mêmes idées , les reponſes étoient dictées au P. Cadiere en conformité du ſens exterieur que ce même langage inſpiroit à ſa Sœur.

Quelle eſt donc la matiere des grands crimes, de forfaits imputés au P. Cadiere pour avoir écrit la minute de ces Lettres ? & ſi le ſens interieur & caché qu'elles renferment, ſe trouve aujourd'hui decouvert par les aveus du P. Girard , qui ſçavoit comme l'on dit , le deſſous des cartes , & qui l'a expliqué ; n'eſt ce pas lui qui demeure le ſeul coupable des forfaits qu'on veut rejetter ſur le P. Cadiere.

Ne confirme-t'il pas lui-même la depoſition des deux Servantes , dans le tems que ſon emporté Deffenſeur a la malice d'accuſer le P. Cadiere de les avoir ſubornées à prix d'argent , & de les avoir engagées à faire des faux ſermens : Encore un coup, ce Jeſuite feroit mieux de parler ſobrement de pareille matiere , le P. Cadiere ne la jamais connuë , & la Procedure juſtifie aſſez que le P. Girard & ſes ſupôts ont acquis là deſſus une experience conſommée.

Il ajoûte pour derniere reflexion , que c'eſt n'être pas habile Logicien de donner pour preuve de la courruption des lettres du P. Girard, la demande par lui faite à l'Abbeſſe d'Ollioules, que ces lettres allaſſent directement à la Demoiſelle Cadiere ſans être vûës , parce que dans cette préſupoſition il en faudroit conclurre , ſelon lui , qu'ayant demandé la même choſe pour les lettres que cette Fille devoit lui écrire , elles devoient être auſſi toutes pleines de galanterie.

Cet argument eſt un vrai ſophiſme. 1°. Le ſecret que le P. Girard a demandé par ſes lettres corrompuës , ne peut pas faire conclurre que celles de la Demoiſelle Cadiere devoient l'être , puiſqu'elle n'a jamais demandé ce ſecret.

2°. S'il avoit concerté ce ſecret avec ſa Pénitente avant que de le demander , & que raſſurée par cette précaution elle lui eût écrit des Lettres corrompuës , il en ſeroit le ſeul coupable , & le P. Cadiere n'en pourroit être inculpé , parce qu'il n'a pas vû les lettres du P. Girard qui ont été effectivement ſecretes pour lui comme pour tout autre.

3°. On dit plus , quand même le P. Cadiere auroit vû ces lettres , & auroit écrit les réponses que sa Sœur lui dictoit dans le même sens misterieux que celles du P. Girard, il ne s'ensuivroit pas mieux qu'il eût concouru avec sa Sœur pour entretenir un commerce de galanterie ; mais qu'au contraire il auroit eu lieu de croire que c'étoit un commerce innocent , puisqu'il n'auroit pû reconnoitre alors que des sentimens de pieté & de religion dans les lettres du P. Girard , ainsi qu'il veut aujourd'hui le persuader.

Au surplus , c'est une excuse bien pitoyable d'apliquer ici ce que l'Auteur des reflexions apelle un usage universel dans les Communautez les plus regulieres & les plus austêres , de permettre cette reciprocité de lettres entre le Directeur & la Pénitente , sans que les Superieures pensent à entrer dans des secrets de conscience , ni à rien lire de ce qui s'écrit de part & d'autre.

On abuse trop en cela du principe. Car en premier lieu, l'on auroit dû sçavoir que pareilles permissions ne sont jamais demandées par les Directeurs ni accordées à leur seule requisition : c'est aux Pénitentes à les demander, ce que la Demoiselle Cadiere n'a jamais fait.

2o. Cette permission que le P. Girard a sollicité lui-même, devoit encore moins lui être accordée , sa Pénitente n'étoit pas encore dans le Couvent lors qu'il l'a demandée ; quelle juste raison pouvoit il y avoir de se munir d'une pareille précaution , si ce n'avoit été dans le mauvais dessein d'en abuser.

Enfin l'usage qu'il en a fait n'en a que trop démontré l'abus , puisqu'on voit aujourd'hui que dans la plûpart de ces lettres , il étoit question de bien d'autres choses que des secrets de conscience.

On peut aprés tout ce que l'on vient de dire , laisser tranquilement l'Auteur du préliminaire s'aplaudir de ses reflexions ; il se flate d'avoir bien prouvé que le P. Girard n'a point refait ses lettres ; il veut persuader que ce Directeur accusé de tant de forfaits , qui dans le tems de son accusation s'est trouvé saisi de ces Lettres écrites de sa main , n'y a point touché ; il conclud de là qu'on doit être convaincu de son innocence , que ces lettres seules font disparoitre les accusations de tous ses crimes , & que celles de la Demoiselle Cadiere demontroit les fourberies, les sacrileges, & les impietés des deux Freres & de leur Sœur.

Deja la question de sçavoir s'il a refait ses lettres , ou s'il ne les a point refaites , seroit très-indifferente pour le P. Cadiere dans la propre presuposition du P. Girard, puisqu'il prétend qu'elles ont entr'elles une relation essentielle à ce qu'il écrivoit ; & il seroit donc toûjours vrai, comme nous l'avons deja dit , que le P. Cadiere ne l'a point trompé , & n'a point comploté contre lui.

Mais quiconque voudra examiner cette question pour la realité du fait , n'a qu'à considerer deux choses. 1o. L'ordre des lettres de la maniere que le P. Girard les a disposées , il sera facile de se convaincre qu'il s'en faut bien qu'on y trouve la liaison qu'elles devroient avoir , si la necessité où il a été de ne pas montrer un grand nombre de celles de la Demoiselle Cadiere qu'il n'a pû refaire , ne l'avoit obligé de les suprimer.

2o. Si dans une accusation aussi grave que l'est celle-ci, les propres lettres que l'Accusé a composé lui-même , & qu'il produit , venant de sa main , sont des pieces bien décisives pour l'innocenter. Car la Loy nous aprend que toute raison est bonne pour celui qui cherche à se dérober à la punition de ses crimes , *omnis honesta ratio expediendæ salutis.* Qui voudra donc se persuader que le P. Girard se trouvant dans cette situation , ait deliberé un seul instant sur la refection de ses lettres, & que libre comme il a été d'en subroger d'autres , il ait pû par une délicatesse dont on ne sçauroit le soupçonner , se refuser le secours qu'il a crû trouver en lui même , & qu'il n'ait pas avidemment saisi un moyen qu'il croyoit être en sa main pour l'employer à sa justification.

Enfin pour achever de se convaincre qu'il a refait une partie des lettres du nombre de celles qu'il produit , parce qu'elles auroient découvers le sens envelopédes autres. il n'y a qu'à faire une courte revûe sur son Recüeil imprimé.

Suivant l'arrangement de ces Lettres , si celle de la Cadiere du 11. Juin 1730.

pag. 11. du Recüeil, étoit la réponse à la précédente du P. Girard qui est du 9, ces deux lettres devroient donc quadrer, & il semble d'abord que cela paroît de même par le détail que fait la Cadiere dans sa lettre de ses dispositions, dont on voit que P. Girard demandoit qu'elle continuât à lui rendre compte. Mais que signifient ces termes dans cette lettre de la Cadiere : *Pour ce qui est de la playe du D. & G. aussi bien que de la T. , elles ont été fermées jusques à hier au soir où elles ont commencé de reprendre leur cours ordinaire.* Il faloit bien que cet éclaircissement particulier eût été demandé par une precedente lettre du P. Girard ; mais il a bien préveu l'effet que fairoient dans une de ses lettres ces énonciations énigmatiques qu'il avoit marquées à la Cadiere , & ausquelles elle s'étoit conformée ; & voilà pourquoi il a refait cette lettre , qui même par la maniere dont elle est conçûë, ne laisse aucun lieu d'en douter.

La Lettre du P. Girard datté du 15. Juin pag. 13. en reponse de celle de la Cadiere du même jour , est visiblement refaite.

1°. Parce qu'il est impossible que le P. Girard ait fait cette reponse le 15. Juin , cela est clair par les trois dernieres lignes de la Lettre de la Cadiere : *Ne soyez pas surpris si mon frere l'Abbé ne vous remet point ma Lettre , je né pûs la faire que hier au soir à cause de mes indispositions.* Ce ne fut donc que le lendemain 16. Juin qu'elle envoya cette Lettre qu'elle avoit fait le 15 : Or comment se peut-il que le P. Girard y ait repondu ce même jour 15. n'ayant reçû cette Lettre que le lendemain.

2°. Cette Lettre supose que la Demoiselle Cadiere s'est excusée par la sienne de ne lui avoir pas remis ses papiers. *La raison* (dit-il) *que vous eûtes de ne point me remettre vos papiers n'étoit point legitime.* L'apostillateur ajoûte sans reflexion *que ces papiers dont le P. Girard avoit parlé dans les Lettres precedentes sont les Ecrits de ses Visions & Revelations.*

Or la Demoiselle Cadiere dans sa Lettre ne parle absolument point de ces papiers , ni ne fait aucune excuse au P. Girard de ce qu'elle ne les lui a point envoyés , & dans les precedentes Lettres du P. Girard il n'est pas dit un seul mot de lui envoyer ces papiers, on ne trouve que ces termes au bout de sa Lettre du 7. Juin 1730 pag. 10. *Ecrivez moy incessamment ce que vous aviés omis de me dire , comme je vous l'avois ordonné :* il est clair que cela n'a nul raport à un envoy de papiers : Il ajoûte , *Poursuivés briévement à marquer tout ce qui s'est passé en vous , reprenant depuis le commencement de vôtre état de peine jusqu'à l'entrée du Carême , quand vous aurés écrit tout ce qui est arrivé depuis lors jusqu'à maintenant.* Cela peut bien faire comprendre que c'est le P. Girard qui a reduit cette Fille à la necessité de rediger par écrit les Visions qu'elle avoit eües & qu'elle auroit , & qu'il vouloit être instruit des effets dont il savoit la cause ; mais cela ne signifie pas qu'il lui eût demandé alors ses papiers , moins encore qu'il eût dit de les lui envoyer.

La Lettre de la Demoiselle Cadiere du 22. Juin pag. 14. en supose une precedente de sa part , comme il paroit par ces termes dont elle la commence. *Impatiente que je suis à recevoir de vos cheres nouvelles , je vous écris encore celle-cy pour vous prier de ne me point refuser cette consolation le plûtôt que vous jugerés à propos :* ces termes , *je vous écris encore celle-cy,* ne peuvent le raporter à la Lettre qu'elle lui avoit écrit le 15. inserée dans le Recüeil pag. 11. puisqu'elle en avoit reçû réponse , il faut donc necessairement qu'il y en ait eu une autre de la Cadiere que le P. Girard a suprimée.

L'Apostillateur de la même Lettre de la Cadiere du 22. donne le nom d'impostures abominables aux Visions & aux Revelations dont il est parlé dans cette Lettre , & que c'étoit pour décrier le Couvent dans l'esprit de son Directeur : *Comment* (dit il) *ses freres ont-ils osé parler de la sorte ?* Mais quel tort ont ils eu d'écrire ce que leur Sœur leur dictoit de ses Visions , de ses Revelations , & de son état au Couvent , puisqu'en cela elle ne faisoit qu'obéïr aux ordres que le P. Girard lui en avoit donné par se précédentes Lettres.

Au même endroit l'Apostillateur ajoûte , *Qui sçavoit mieux que ses freres qu'elle*
n'avoit

avoit jamais eû des stigmates aux mains, celles même des pieds n'étoient profondes *que de l'épaisseur d'un écu*. Et qui sçavoit mieux que le P. Girard qu'elle en avoit eu aux mains comme aux pieds, & principalement au côté gauche, qu'il dit sur le 76. Interrogat lui avoir paru ordinairement sanglant.

Il a répondu sur le 75. Interrogat que la Demoiselle Cadiere lui avoit dit, *qu'elle avoit demandé à nôtre Seigneur que les playes des mains ne paruffent point, qu'elle avoit été exaucée, mais que pourtant nôtre Seigneur lui avoit fait une petite impression sur les deux mains en dehors en gage des stigmates réelles qu'il promettoit de lui donner sur les mains comme sur les pieds quelques jours avant sa mort.* Il sçavoit donc que cette Fille avoit eu des Stigmates aux mains, & il le croyoit, il y en aura d'ailleurs des preuves dans la procedure ; pourquoi ses Freres n'auront-ils pû le sçavoir & le croire comme lui ?

On peut encore remarquer en passant sur cette lettre, les termes qui suivent : *Toute confternée j'aperçûs en me relevant que le merite du Sang de Jesus-Chrift couloit abondamment sur moy & sur une autre personne que je vous dirai en son tems.* On voit par là si la Demoiselle Cadiere faisoit part à ses Freres de ce qui devoit être secret entre elle & son Directeur.

La lettre de la Demoiselle Cadiere du 28. Juin, pag. 16., & la réponse faite par le P. Girard le 29., confirment ce que nous venons de dire.

Dans cette lettre du 28., la Cadiere rend compte au P. Girard d'une Vision effroyable qu'elle avoit eu au Noviciat le Dimanche au soir sur les six heures, des convulsions où cette Vision l'avoit jettée ; qu'étant revenuë de cet accident, elle trouva à son grand étonnement au tour d'elle la Mere Maîtresse avec toutes les Novices à genoux, qui recitoient des prieres pour sa délivrance. On peut observer en passant que cet accident est un racourci de celui de la nuit du 16. au 17. Novembre, sur lequel le P. Girard & ses supôts ont commencé de bâtir leur calomnieuse recrimination de Complot, & persuadé à Mr. l'Evêque de Toulon la Procedure abusive en descente de son Official.

La Demoiselle Cadiere ajoûte dans sa lettre : *Je me retira dans ma chambre toute foible, je me trouvai la peau toute écorchée, & ma chemise collée sur mon corps par le sang qui y étoit attaché : je vous la garde, mon cher Pere, avec soin pour la premiere fois que vous viendrez me voir.* Sur quoi l'Apostillateur fait cette belle observation, *que le P. Girard n'a jamais voulu voir cette chemise, & qu'il doit être prouvé par la procedure que la Cadiere avoit à Ollioule quelque poudre rouge cachée dans un linge, qu'ainsi le sang ne lui manquoit pas une fois le mois, ni la peinture rouge au befoin.*

Les Pensionnaires avoient envoyé prendre du sinobre pour peindre des guidons ; l'Apostillateur qui n'a pû concilier le sang periodique d'une fois le mois avec la datte de cette lettre, a saisi le pretexte de la poudre rouge.

Mais le P. Girard qui reçut cette lettre ; & qui auroit dû se récrier par le réponse qu'il fit le lendemain 29., pag. 17., témoigna-t'il le moindre étonnement de ce que la Cadiere lui racontoit ; il lui répond au contraire en homme instruit des causes de ce sang & de cette Vision. *J'ai autant de desir* (dit-il en commençant sa réponse) *& d'empressement que vous, ma chere Fille, de nous voir bien-tôt ensemble :* & quelques lignes après : *Vous souffrez, ma pauvre enfant : & vous jouissez c'est-là avoir un avantage sur les Bienheureux........: Ne pensez au reste à ce qui se passe en vous & autour de vous, soit par raport aux biens qui vous sont envoyez, qu'autant qu'il est besoin pour m'en rendre compte.*

Le P. Girard connoissoit donc la nature des maux que la Cadiere lui racontoit ? puisqu'il lui disoit de n'y point penser ; & s'il n'avoit point voulu voir la chemise teinte de sang, auroit-il continué de l'exhorter à lui rendre compte de ses maux. Il se seroit revolté, il auroit repris séverement cette Fille d'avoir pensé que son Directeur fût capable de porter sa curiosité jusqu'au point de voir la chemise de sa Pénitente teinte de son sang ; au contraire tous les termes dont il se sert dans sa réponse ne tendent qu'à exalter le bonheur de l'état où elle est réduite, & l'avantage que cet état lui donne sur les Bienheureux, jusqu'à reclamer son intercession pour lui perſuader toûjours mieux qu'elle eſt ſainte. *Priez (lui dit-il en finiſſant ſa lettre) pour le P. d'Albette qui eſt allé à nôtre Noviciat d'Avignon , aprez avoir pris les eaux , leſquelles ne lui ont pas profité, & qui ſe trouve maintenant plus mal.* Un Directeur Jeſuite qui demande à ſa Pénitente des prieres pour un autre Jeſuite malade en lui repreſentant que ſon mal eſt preſque incurable , ne veut pas la laiſſer douter qu'elle eſt ſainte , & qu'elle eſt capable de faire des miracles.

La lettre de la Demoiſelle Cadiere du 3. Juillet, pag. 18., qui ſuit d'abord aprés, eſt une autre preuve que le P. Girard , loin de la déſabuſer , la confirmoit toûjours plus dans le même état : cette lettre prouve qu'il avoit été à Ollioules depuis la précedente , & qu'il l'avoit confeſſée; il n'y a qu'à lire ce qu'elle dit de ce qui lui arriva dans le tems qu'il lui donnoit l'abſolution , pour comprendre ſi le P. Girard déſaprouvoit ſes Viſions : mais c'étoit alors un miſtere pour ſes Freres , parce que leur Sœur , par les ordres du P. Girard , ſuprimoit les circonſtances qui leur auroient fait ouvrir les yeux , comme il paroit ſur la fin de cette lettre. *Je me reſerve ici pour la premiere fois que je vous écrirai quelques faits , que mes indiſpoſitions ne me permettent pas de vous marquer.* Mais ces faits n'étoient pas mieux expliquez dans la ſuite , comme on le voit par les autres lettres.

L'Apoſtillateur ſur celle-ci ne veut pas que la Cadiere ait parlé ſincerement lors qu'elle a écrit au P. Girard , *Qu'il ſavoit lui-même , que rien ne lui étoit plus cher que de derober à la Communauté les graces particulieres dont Dieu daignoit lui faire part* ; il met dans ſa note , *que c'eſt un menſonge inſigne , dont le contraire doit conſter par la procedure.* Sans avoir fait attention que les accidens qui arrivoient à la Cadiere , & qu'elle apelle ici des graces qu'elle recevoit , n'ont été manifeſtez , que lors qu'elle n'a pû les cacher , & qu'elle temoignoit ſon étonnement de ſe voir ainſi expoſée aux yeux des Religieuſes & des Novices , comme il paroit par ſa précedente lettre du 28. Juin.

Mais cette note eſt démentie par la réponſe ſuivante du P. Girard du 4. Juillet, pag. 19., qui commence par un tranſport de joye d'aprendre que ſa Pénitente mit ſi bien à profit ſes conſeils : *La Communauté (lui dit-il)ſera , penſera ce qu'il lui plaira , il faut que Marie Catherine ſoit toute à Jeſus Chriſt..... Demandez-lui bien , ma Fille , pour Jean-Baptiſte la même faveur.*

L'Apoſtillateur par le ſommaire qu'il a mis ſur cette lettre , dit *qu'elle fait bien connoitre par quel eſprit ce Pere agiſſoit.* Il auroit dit plus vrai , s'il avoit obſervé que cette lettre eſt une explication de la viſion du Livre des ſept Seaux , dans lequel Saint Jean l'Evangeliſte écrivoit le nom de *Jean-Baptiſte Catherine* , ce que le P. Girard avoüe au 27. Interrogat lui avoit été raconté par cette Fille avant qu'elle fût au Couvent. Et ce Commentateur qui par ſa note paroit ſi bien inſtruit de la procedure , devoit avoir remarqué dans la depoſition de la Dame Marie de Guerin Religieuſe Clairiſte , & dans le Recolement de la Sœur Claire de Guerin , que la Cadiere diſant la Meſſe , mettoit dans les Oraiſons les noms de *Marie Catherine* & de *Jean Baptiſte* , & que dans une extaſe cette Fille avoit prononcé les mêmes noms de *Jean Baptiſte* , Anne , *Marie* , & autres Saints & Saintes; dont cette Religieuſe dit qu'elle n'eſt pas memorative; mais elle ajoûte que lors de cette extaſe , la Cadiere diſoit qu'*il y avoit un an qu'elle avoit fait ſon mariage.* En réüniſſant ces circonſtances , l'Apoſtillateur de la réponſe du P. Girard auroit mieux fait connoitre à ceux qui en fairont la lecture , par quel eſprit ce Pere agiſſoit.

Il dit en finiſſant ſa réponſe , que s'il partoit pour Marſeille ce ſeroit aparemment Jeudy matin , & qu'en cas qu'il en eût le loiſir , il lui donneroit en paſſant un petit bon jour : la lettre qui ſuit d'abord aprés dattée du 9. Juillet, eſt une preuve que le petit bon jour fut amplement donné, mais ce ne fut que le lendemain Vendredi 7. Juillet, qui fut le jour auquel le P. Girard vint & entra au Couvent averti par ſon bon Ange, pour s'enfermer dans la chambre de ſa Penitente , enſuite de la transfiguration qu'elle avoit eu dans la nuit du Jeudy, comme il reſultera des depoſitions des Religieuſes.

La même lettre continuë auſſi de prouver qu'elle ne montroit pas celles du P. Girard à ſes Freres , elle ne parle dans celle-cy que des entretiens du petit bon jour de ce Vendredy, auquel il ne penſa à rien moins que d'aller à Marſeille.

Elle lui rend compte ensuite d'une autre extase extraordinaire qui lui étoit survenüe du depuis pendant la Messe, & de la Communion miraculeuse qui lui fut donnée, se trouvant incapable de communier avec la Communauté.

L'Apostillateur observe là-dessus, que *si c'étoit le P. Girard qui l'eût communiée de Toulon, comme on le lui fait dire très-faussement, elle n'auroit pas écrit de la sorte, & qu'elle n'auroit pas eu besoin de le lui aprendre.* Il a raison, mais il a dû penser que la connoissance de cette maniere de communier n'étoit pas reciproque ; la Demoiselle Cadiere attribuoit à un miracle ce dont le P. Girard sçavoit seul le contraire, comme il le répondit aux Religieuses qui lui racontoient d'avoir vû la Cadiere communier après sa transfiguration : *Ne voulez-vous pas que je le sache (leur dit il) puisque c'est moy qui l'ay communiée*, & ensuite entrant dans la chambre de la Cadiere qui étoit couchée dans son lit, il ajoûta, pour confirmer les Religieuses émerveillées de ce qu'il venoit de leur dire : *Ah! petite gourmande, vous venez toûjours me prendre la moitié de ma portion.* On voit bien par ce langage, qui resultera précisément de la deposition de ces Religieuses, que le P. Girard sçavoit le principe de ces communions miraculeuses.

La lettre suivante du P. Girard datiée du 14 Juillet, pag. 20., continuë de prouver la supression qu'il a fait d'une grande partie de celles de la Cadiere. Aussi l'Apostillateur n'a eu garde de la donner comme une réponse, c'en est une pourtant à des lettres qui ne paroissent point : *Je souffre (dit-il) beaucoup, ma chere enfant, d'aprendre que vous souffrez, & je souffre encore de ne pouvoir vous donner aucun soulagement, ni vous aller voir sitôt.* On voit bien que ces termes suposent necessairement une autre lettre qui a dû parler de souffrances, & assigner trop promptement le P. Girard de retourner à Ollioules.

Cela est confirmé par tous les autres termes de cette lettre, *On m'a dit que quelqu'une de mes dernieres Lettres vous avoit fait de la peine, je ne disois rien ce me semble qui dût vous en causer.* Voilà donc encore plusieurs autres dernieres lettres du P. Girard écrites dans l'intervalle du 9. Juillet au 14. qu'il a suprimées avec celles de la Cadiere ; l'Apostillateur en convient sans y penser, lors qu'il veut faire remarquer par sa note, que la Cadiere ne vouloit plus rester au Couvent &c. ; ce fait est démenti par une partie des lettres antecedentes qui paroissent ; mais en le suposant tel, on lui demande, où sont les lettres de la Cadiere qui ont apris ce fait au P. Girard ?

Ce qui suit dans la lettre du P. Girard, continuë de prouver la prééxistance de celles qu'il avoit reçües : *Marquez-moy (dit-il) ce que c'est que cette cote rompuë, & ce qui se passe en particulier.* Où est la lettre de la Cadiere qui lui a parlé de la cote rompuë ?

On passe la fade observation que fait l'Apostillateur là-dessus, *Qu'il ne suffisoit pas à la Cadiere d'avoir eu deux cotes élevées, comme elle le pretendoit par la violence de l'amour divin, & qu'il falloit qu'elles rompissent.* Le P. Girard auroit dû l'instruire qu'il avoit vû autre chose que deux cotes élevées, ainsi qu'il l'avoüe lui-même au sujet du Stigmate du côté ; mais l'apostille ne laisse pas toûjours de prouver qu'il y avoit une précédente lettre de la Cadiere qui a été suprimée par le P. Girard comme bien d'autres.

La même supression resulte de la lettre suivante, qu'il écrivit le 16. Juillet, l'Apostillateur est forcé de l'avoüer ; il dit que *le P. Girard n'a pû produire la Lettre de la Cadiere dont il est parlé dans la sienne par les raisons qu'il en a aporté dans les reflexions qui precedent ce Recüeil*, où il dit pag. 6. que c'est pour ne pas trahir le secret de la Confession. Nous avons fait voir en cet endroit la fausseté du pretexte, & l'Apostillateur le fait encore mieux comprendre par les notes qu'il fait sur cette lettre, il veut persuader que dans celle qui est suprimée la Cadiere vouloit porter le P. Girard à consentir qu'elle sortît du Monastere : il n'y étoit donc pas question de confession, ni d'affaire de conscience.

Nous ne dirons rien, quant à la supression & la refection, sur les lettres du 21. 22. & 25. Juillet raportées depuis la pag. 21. jusqu'à la 25. du Recüeil, pour ne pas repeter les observations que nous avons deja fait sur ces lettres en répondant aux reflexions préliminaires.

Nous fairons seulement remarquer sur la lettre du P. Girard du 26. qui suit d'abord après, pag. 26., qu'elle continuë de prouver la supression d'une autre lettre de la

Cadiere , comme il paroit par ces termes : *Il n'y a que trois jours que vous m'écriviez vous-même que Dieu vous laiſſoit encore pour 1 5. jours ou tout au plus un mois au Monaſtere :* Nous demandons ce qu'il a fait de la lettre qui contenoit cet avertiſſement : Nous demandons encore ce qu'eſt devenüe la réponſe qu'il avoit fait là-deſſus, comme ces autres termes de la lettre du 26. Julilet le démontrent , *Reliſez ma derniere Lettre ſur ce point.* Cette derniere Lettre où ſe trouv-t'elle ?

Au ſurplus , il n'y a qu'à faire une legere attention ſur le langage de cette lettre du 26. pour ſe convaincre que c'eſt une exhortation faite à loiſir pour pallier les termes de ſes autres lettres qu'il n'a pû ſe diſpenſer de produire.

La lettre de la Demoiſelle Cadiere qui ſuit en la page 27. que l'on trouve dattée du 29. Juin, ſi c'eſt ſa veritable datte, pourroit ne pas être regardée comme la réponſe de la precedente du 16. Juillet , mais en la ſupoſant telle , il en reſulte également que cette Fille n'auroit point montré à ſes freres la lettre du P. Girard ; il avoit été la voir après cette lettre, & la Demoiſelle Cadiere ne parle dans la ſienne que relativement à la conference qu'elle avoit eüe avec lui , comme ces termes le démontrent. *Graces lui ſoient rendües (à Dieu) depuis vôtre depart il vient de me redonner au centuple ce que j'avois perdu.*

Cette reflexion détruit la noté de l'Apoſtillateur ſur la lettre ſuivante du P. Girard du 30. Juillet , pag. 18. & 30. , par laquelle il diſoit à la Cadiere , *Quand vous m'écrirez cachetez avec de l'hoſtie & mettez toûjours un cachet , je ne ſçay bientôt plus à qui me fier , & j'ay lieu de croire que vôtre Lettre a été ouverte , vous pourrez donner vôtre paquet à Mademoiſelle Guiol.* On voit par là combien il craignoit que les lettres fuſſent vües ; mais cela n'avoit nul raport aux freres de la Demoiſelle Cadiere qui lui portoient innoçemment les lettres de leur Sœur, & il n ignoroit pas qu'elle ne ſçavoit point écrire , ainſi que nous l'avons demontré , mais il craignoit principalement pour les ſiennes , c'eſt pourquoy il ſervoit de deux cachets , dont le plus grand étoit celui de la Société par lequel il fermoit les lettres où il n'étaloit que ſa fauſſe pieté , il employoit le petit cachet pour les lettres où il s'agiſſoit d'autre choſe , comme il paroit par la lettre du 22. Juillet ; les lettres du grand cachet étoient fermées avec du pain enchanté blanc , les autres étoient toujours ſans ſeing cachettées avec du pain enchanté rouge ; il dit dans une autre lettre du 4. Aouſt à la Cadiere pag. 32. que cela eſt plus ſûr que la cire d'Eſpagne que l'on peut fondre ou couvrir : & il eſt remarquable que pour ne pas laiſſer apercevoir cette difference du deffaut de ſignature , le compilateur des lettres après avoir mis le nom de Girard aux premieres , n'a plus continué dans les ſuivantes , afin que ceux qui ſeroient moins inſtruits ne priſſent aucune mauvaiſe idée de la lettre du 22. Juillet lors qu'il la verront ſans ſignature.

Les trois lettres qui viennent après , pag. 29. 30. 31. & 32. , l'une de la Cadiere du 3. Aoûr , les deux autres du P. Girard du 4. & 6. Août , n'ont donné aucune peine à les produire , parce qu'elles ne roulent que ſur des raiſonnemens affectez de pieté , que ſur des ordres données par le Directeur , & ſur la ſoumiſſion eſt la Pénitente à les executer. On obſerve ſeulement ſur ſa lettre du 3. Août , qu'elle fait mention d'une autre par elle reçüe de la Guiol , le nom duquel eſt ſupléé par quatre étoiles , tant on craint de la nommer , elle dit que cette lettre de la Guiol lui découvre ce que le Seigneur lui a manifeſté ; ce qui fait voir que cette femme confidente du P. Girard ſçavoit ſon ſecret , qu'il eſt faux que ce qui ſe paſſoit à Ollioules ſur l'état de la Cadiere eût été publié par ſes Freres.

En répondant au préliminaire des Reflexions , nous avons deja aſſez fait remarquer le ſens des deux lettres de la Cadiere qui ſuivent , pag. 33. & 34. , dont l'une eſt celle à laquelle il plait au P. Girard de donner la datte du 9. Août, pour en induire qu'il faut que le P. Cadiere l'ait compoſée , parce qu'il y eſt dit par ſa Sœur, *je ſuis au lit depuis trois jours.* Nous avons fait voir que cette induction eſt ridicule ; & la lettre étant avoüée ſans datte , il ne depend pas du P. Girard de la marquer du 9. pour l'ajuſter à la fauſſe conſéquence qu'il en veut tirer : car nous avons également droit de lui dire qu'elle fut écrite le 10. , puiſque la Cadidre n'é-

toit

toit plus au lit , tout comme elle n'y étoit pas le 6. lors de fa précedente lettre , & que d'ailleurs elle pouvoit fe lever quoique malade , ainfi que nous l'avons fait obferver.

A l'égard de l'autre lettre du 15. Août, elle fut écrite par la Cadiere après une converfation vive qu'elle eut avec le P. Girard le jour de Sainte Claire qu'il fut à Ollioules : l'Autheur de la premiere partie du Memoire inftructif, quoi qu'infaillible, felon lui dans les faits qu'il affirme, a mis un *errata* à la fin , par lequel il dit que ce fut ce jour-là même que la Cadiere répondit fort mal au P. Girard ; cela arriva à l'occafion de la demande qu'il lui fit du Memoire du Carème que cette Fille ne pouvoit fe refoudre à lui remettre, comme nous le fairons obferver fur ce Memoire.

On voit par cette feconde lettre du 15. Août, qu'accoûtumée à fe foumettre à toutes les volontés de fon Directeur, qui aprés l'avoir fort grondée, la quitta brufquement , elle s'humilie, lui marque là-deffus fes regrets , & lui dit qu'elle vient de promettre au Seigneur ce qu'il lui a demandé, & qu'elle eft toute refoluë à le lui donner la premiere fois qu'il viendroit la voir , elle lui parle enfuite de la continuation de fes fouffrances.

A quoi le P. Girard par fa lettre du même jour 15. Août, pag. 35. répondant par une longue & affectée morale , femble oublier le fentiment de chair & de fang par lequel il venoit de commencer cette lettre. *Je partis d'Ollioules , ma chere Fille , avec un coup de poignard dans le fein , vous fçavez , qu'il l'y avoit plongé , & pourquoi on l'avoit fait , je n'eftime ni mes foins , ni mes pas , ni mon tems , ni ma peine , vous auriez pû y avoir quelque égard , nôtre Seigneur jugera entre la Fille & le Pere , ce qui me touche n'eft pas ce qui me touche , c'eft ce qui regarde mon Dieu & ce qui regarde ma petite &c.*

Voila certainement un vrai galimatias pour un homme d'efprit ; fi on y ajoûte le cruel adieu qu'il dit que cette Fille lui donna, & dont il fe plaint, tout ce qu'on peut dire en fa faveur , c'eft ce qu'il étoit troublé alors par des fentimens trop humains qui ne lui permettoient pas de difcerner la difference qu'il auroit dû faire entre les interêts de Dieu & ceux de fa petite qu'il met au même niveau; l'on peut même fort juftement penfer que l'interêt de Dieu qu'il rapelle en cet endroit fuivant fa coûtume, eft un faux pretexte ; car la remiffion d'un Memoire , dont le refus eft le motifs de la grande affliction que témoigne le P. Girard, de quoi l'Apoftillateur n'a pû s'empêcher de convenir, étoit bien plûtôt une occafion d'offenfer Dieu de la maniere dont nous allons voir qu'il parle aujourd'hui de ce Memoire , que de le glorifier ; c'eft ce qui fait comprendre ce que l'on doit penfer de la fincerité des autres fentimens de morale qui compofent le refte de cette lettre.

REFLEXION SUR LE MEMOIRE DE CAREME
& les autres Memoires inferez à la fin du Recüeil des lettres.

LEs deux dernieres lettres , l'une de la Demoifelle Cadiere & l'autre du P. Girard que nous venons de rapoter , font affez comprendre la difference des mouvemens qui les agitoient l'un & l'autre.

La Demoifelle Cadiere ne pouvoit , ni n'avoit nulle envie de fatisfaire aux empreffemens vifs & preffans avec lefquels le P. Girard lui demandoit cette relation ; elle ne le pouvoit , parce qu'elle ne fçait pas écrire, & qu'il falloit neceffairement employer la main de l'un de fes Freres, aufquels feuls elle pouvoit confier ce que devoit contenir ce Memoire , parce qu'ils en avoient été les témoins de la plus grande partie.

Elle n'avoit aucune envie de compofer & de remettre ce Memoire au P. Girard, parce qu'elle craignoit avec raifon qu'on ne trouvât étrange & reprehenfible qu'elle entreprît de faire écrire pareilles chofes d'elle-même.

Ce font les vrais fentimens qu'elle avoit, & que le P. Girard ne ceffoit pourtant de combattre & de réprimer; elle les lui marquoit dans fa lettre du 17. Août, dattée du 17. Juillet , aparemment par erreur, en la pag. 36. *Je fuis au defefpoir, mon cher Pere, de ne vous avoir pas plûtôt pû accorder les papiers que vous me demandez , je recon-*

I

vois qu'il y a de ma faute , qui est d'autant plus grande à mon égard qu'elle est cause de toutes les peines que vous souffrez , mais si ma soumission peut contribuer à les adoucir , je suis toute prete à faire le sacrifice que vous exigez de moi pour vous montrer que rien ne m'est plus à cœur que vôtre conservation. Vous devez croire que mon intention n'a jamais été de vous le réfuser , & de vous amuser par des vaines paroles : ma conduite justifiera mes démarches passées auprés de vous sur ce sujet. Le seul motif qu'il m'en a éloigné & qui m'a porté a me tenir jusques à aujourd'hui dans les bornes de la modestie & de reserve , que je croyois me convenir avec justice ; ç'a été l'horreur & la peine que je ressentois interieurement de produire moi-même & de mettre au jour ma vie. Au reste puisque c'est l'esprit de Dieu qui vous inspire à me le demander , je m'y soumets de tout mon cœur , & vos reproches n'auront plus lieu à mon égard sur ce sujet. Lundy vous en trouverez à vôtre arrivée une bonne partie d'écrit. Je ne juge pas à propos de vous le faire tenir , de peur de quelque accident , j'aime mieux vous les remettre en main propre pour une plus grande assurance. J'espere que vous aurez la bonté de m'acorder pour cela tout le tems qui m'est necessaire, & compatir au peu de tems que nous avons , aussi bien qu'à mes infirmitez , qui ne me permettent pas toûjours de pouvoir y travailler, vous pouvez pourtant vous assurer que je ne negligerai rien de mon côté, que je passerai même les nuits s'il est necessaire malgré mes incommoditez pour vous donner entierement la vie de celle qui ne devoit pas meriter vos attention, si vous rendiez justice a toutes ses imperfections Vous me marquez dans la vôtre que si je ne vous remets ces papiers a la premiere entrevüe , vous vous retirez en sauvant pourtant les aparences ? Dieu soit beni & son Nom glorifié a jamais. Je tremble a la vüe de tels sentimens , & je doute que des mouvemens si impetueux partent de l'Esprit de Dieu , qui n'est que charité , que bonté , que misericorde a l'égard des plus grands pecheurs. Au reste j'acquiesce avec resignation a l'Esprit de Dieu , a ses mouvemens & a ses desseins , & je m'efforcerai pour ne pas me rendre rebelle a ses ordres , de vous satisfaire pleinement ; aprés quoi , si cet esprit de verité persiste toûjours chez vous , & est le même qu'aujourd'hui , je m'y soumets pareillement , non sans vive douleur a la verité , mais pour accomplir en tout la volonté du Seigneur , que je dois suivre aveuglement dés qu'elle me sera manifestée , lui seul seroit pour lors mon tout , mon esperance , mon bonheur , ma consolation dans tous mes maux , & je me regarderai toûjours comme également heureuse par la seule assurance que j'aurai de revoir un jour mon cher Pere dans la patrie.

On voit par les termes de cette lettre la répugnance extreme qu'avoit la Demoiselle Cadiere à remettre ce Memoire : les justes motifs qu'elle alleguoit au P. Girard, qu'elle ne s'y déterminoit que parce qu'il l'assuroit que c'étoit l'esprit de Dieu qui lui inspiroit de le lui demander : les précautions qu'elle prenoit d'avance pour prévenir les accidens qui pourroient divulguer les faits que ce Memoire devoit contenir. On sent & l'on comprend par toutes les expressions dont cette Fille se sert, & par toutes ses réflexions, qu'elle faisoit tout ce qu'elle pouvoit pour porter le P. Girard à ne pas insister, elle auroit voulu qu'il l'en dispensât, tandis qu'elle promettoit d'y travailler & de le lui remettre , elle tentoit enfin de le toucher par sa soumission , & à le faire revenir par toute sorte d'endroits , jusqu'à lui representer qu'elle doutoit si les sentimens impetueux qu'il lui témoignoit sur le plus long refus de ce Memoire , venoient de Dieu.

Tout cela fut inutile , il fallu se déterminer à lui obeïr. Cette pauvre Fille dicta donc ce Memoire au P. Cadiere le plus secretement qu'elle pût , elle le lui dicta dans le Confessionnal , elle employa pour cela tout un jour, il fallu même alumer un cierge pour supléer au deffaut du jour qui finit avant qu'elle eût achevé de dicter. Tout cela résultera du récolement de quatre Religieuses , la Dame d'Escot, les deux Dames de Guerin , & la Dame de Rimbaud qui auront dit positivement d'avoir vû le P. Cadiere écrivant au Confessionnal & sa Sœur qui lui dictoit, que l'on disoit que c'étoit son Carême , & qu'on donna un cierge au P. Cadiere à l'entrée de la nuit au Confessionnal pour écrire le Carême que sa Sœur lui dictoit ; ce qui sera encore confirmé par la disposition de Marie Matheronne, elle ajoûte dans son

Recollement qu'elle à donné de la lumiere au P. Dominicain Cadiere pour écrire une pratique de Carême au Confeſſionnal.

Ce Memoire achevé, fut remis par la Demoiſelle Cadiere au P. Girard ſelon ſes deſirs à Ollioules où il vint le 21. ſes Deffenſeurs l'avoüent, & ſur tout à la pag. 10. de la premiere partie de ſon Imprimé ; mais certainement d'une maniere riſible (qu'on nous paſſe l'expreſſion, elle eſt indiſpenſable.) Il faut nous reſoudre pour la rareté du fait, quelque ennuïeuſe que ſoit la diſcuſſion de ces lettres, de raporter en entier le raiſonnement de celui qui s'eſt mêlé de dreſſer cette premiere partie de la deffenſe du P. Girard.

Enfin (dit-il) le Memoire du Carême ſi attendu & ſi deſiré fut achevé, & le P. Girard le reçut des mains de ſa Penitente le 21. Aouſt à Ollioules où il étoit allé par ordre de M. l'Evêque. Il faut l'avoüer, à la ſeule vûë de cet écrit, & ſans l'avoir encore lû, ce Pere penſa reprendre pour ſa Penitente les mémes preventions de ſainteté qu'il avoit euës pendant ſi long-tems ; mais cette impreſſion ne dura guere ; étant revenu à Toulon le ſoir même, il eut la douleur d'aprendre le lendemain que ce Memoire ſur lequel il avoit demandé un ſecret inviolable, & qui ne devoit être communiqué qu'à lui ſeul, étoit en quelque façon public, toutes ſes meſures étant rompuës par-là, & ſoupçonnant plus que jamais l'hipocriſie de ſa Penitente, il lui écrivit ſur le champ une Lettre pour ſe plaindre de ce qu'elle avoit publié ce Memoire, il lui marque pourtant que ſi on le lui a pris à ſon inſçu, elle en faſſe ſes plaintes à la Superieure, mais que ſi elle l'a donné elle méme à d'autres qu'à lui, il n'a plus rien à lui dire, qu'elle faſſe tout ce qu'il lui plaira, qu'il eſt reſolu de la quitter, & que de quelque façon que la choſe ſe ſoit paſſée, elle lui envoye par Marianne Gravier qui lui porte ſa Lettre, tous les papiers de conſcience qu'elle avoit à lui avec ſes lettres.

Pour demêler cette enchainure d'abſurditez qui regnent dans tout ce raiſonnement, dont tout l'objet eſt de faire perdre de vûë le vrai motif qui avoit mis le P. Girard de mauvaiſe humeur ; il faut obſerver que l'Abbé Camerle qui alloit à Ollioules preſque tous les jours, s'y trouva le même jour que le P. Cadiere écrivoit dans le Confeſſionnal où ſa Sœur lui dictoit ſon Memoire ; il fut averti par les Religieuſes de quoi il étoit queſtion, & preſſa vivement le P. Cadiere de le lui montrer, ce que celui-ici ne voulut jamais faire, il reſpectoit trop les deffenſes du P. Girard.

L'Abbé Camerle arrivé à Toulon, ne manqua pas de dire à M. l'Evêque ce qu'il avoit apris à Ollioules ; ce Prélat voulant s'en éclaircir, fit apeller le P. Cadiere, & voulut voir ce que ſa Sœur lui avoit dicté, il s'en deffendit tant qu'il pût ; mais enfin M. l'Evêque lui ayant dit abſolument qu'il vouloit ſçavoir ce que c'étoit, & lui ayant ordonné très-ſerieuſement de le lui montrer, le P. Cadiere forcé d'obeïr, fut prendre dans ſa chambre ce Memoire qu'il avoit aporté à Toulon pour le faire tranſcrire par l'Abbé ſon frere, & renvoyer enſuite la minute & la copie à ſa Sœur, comme il fit le même jour, pour le remettre au P. Girard.

Mr. de Toulon à qui la vûë ne ſert pas beaucoup, s'étant fait lire ce Memoire, fut étrangement ſurpris, comme on peut ſe l'imaginer, d'entendre parler dans une Viſion du Livre ſcellé des ſept Sceaux tenu par Saint Jean l'Evangeliſte, & les noms de Marie Catherine & de Jean Baptiſte écrits dans ce Livre.

Le P. Girard qui ne ſçavoit rien de ceci, fut à Ollioules le 21. Août pour prendre le Memoire : à ſon retour étant allé voir M. l'Evêque à ſon ordinaire, ce Prélat ayant l'eſprit encore frappé du récit de la Viſion, ne pût ſe contenir, & adreſſant la parole au P. Girard, *Vous étes bienheureux (lui dit-il) mon Pere, vous dont le nom eſt écrit dans le Livre de Vie.* Le P. Girard comprenant ce que cela ſigni-fioit, répond avec un ton de Jeſuite, qu'il ne falloit point parler de pareilles choſes : Mais qui vous l'a dit (replique Mr. l'Evêque) que je n'en doit point parler ? C'eſt Dieu qui me l'a dit, répond le P. Girard avec emportement, & ſe retire brû-talement.

Il écrit enſuite à la Demoiſelle Cadiere, l'eſprit irrité & agité de ce qu'il venoit d'entendre chez Mr. l'Evêque, la lettre du 22. Août ; à laquele il a ſubrogé celle qu'on a inſeré dans le Recüeil pag. 38. Lettre qu'il a viſiblement refaite ; ainſi

qu'on va le voir , & qui ne cede point en absurdité au raisonnement de son Deffenseur dont nous avons raporté les termes.

On y voit d'abord une chose incomprehensible : le P. Girard reçoit le Memoire
si desiré des mains de sa Penitente , & il avoüe *qu'à la seule vûë de ce Memoire , sans
l'avoir encore lû* , il a repris pour elle les mêmes preventions de sainteté qu'il avoit
euës pendant long-tems. Le cayer qui contenoît ce Memoire étoit donc bien miraculeux ; car autrement, comment auroit-il pû produire un effet si surprenant sur
l'esprit du P. Girard. Quoi sans l'avoir lû il penetroit tout ce qu'il y avoit d'écrit
dans ce Memoire ; l'on seroit quasi tenté de dire qu'il est Sorcier.

Mais *cette prevention qu'il pensa reprendre* , depuis quant l'avoit-il quittée ? Le langage de ses precedentes lettres que nous venons de parcourir , ne nous dit rien de pareil.

La douleur qu'il eut d'aprendre que ce Memoire étoit en quelque façon public ,
rompit toutes ses mesures. Mais quelles étoient donc ces mesures, ce Memoire ne contient autre chose que les Visions que cette Fille lui avoit déja raconté plusieurs fois ;
sur tout celle du Livre des sept Seaux ; il avoit cependant toûjours conservé pour
elle non pas des preventions, mais une persuasion de sainteté ; il l'avoit ainsi écrit à
la Dame Abbesse d'Ollioules, il l'avoit dit à toutes ses Penitentes, au P. Grignet ,
aux parens de cette Fille , & à plusieurs autres, ainsi qu'il resultera de la procedure.

Or si cette Fille qu'on apelloit déja par ses soins , la Sainte d'Ollioules , étoit veritablement Sainte , & si les Visions contenuës au Memoire en étoient la preuve ;
les mesures qu'il avoit pris de la donner pour telle au public n'étoient donc pas rompuës parce que un autre auroit vû ce Memoire : si au contraire ces Visions ne pouvoient lui acquerir ni lui confirmer la sainteté , pourquoi en étant instruit comme
il l'étoit , ne l'en avoit-il pas desabusée ; pourquoi l'avoit-il forcée de les mettre par
écrit ; car personne ne se payera jamais du mauvais pretexte que son Apostillateur
repete par sa note sur la lettre du 15. Juin, pag. 14. que *c'étoit pour l'examiner à loisir
& peur s'assurer toûjours de l'état de cette Fille.*

Mais *la publication de ce Memoire donna lieu au P. Girard de la soupçonner plus que jamais d'hipocrisie , & de lui écrire sur le champ une lettre pour s'en plaindre.* Nous verrons
dans un moment que c'est une lettre refaite ; mais en la prenant comme elle est,
l'hipocrisie auroit donc dependu , selon lui. de sçavoir si l'on avoit pris le Memoire à
sa Penitente , ou si elle l'avoit communiqué : dans le premier cas elle n'étoit pas
hipocrite : dans le second il n'ose dire qu'elle le fût , moins encore qu'il fût resolu
de la quitter, il n'y a en a pas un mot dans cette lettre comme ce Deffenseur le supose ; mais seulement qu'il auroit des réproches à lui faire , & qu'elle lui perçeroit
le cœur.

Il fait plus , il ne la soupçonne pas hypocrite, mais il lui ordonne de la faire, il se
doutoit bien que Mr. l'Evêque après avoir entendu la lecture du Memoire , iroit la
voir , comme il y fut , en effet de son propre aveu le 25. Août, c'est pourquoi il la
previent sur cette visite : *En cas que Monseigneur vous voit ces jours ici , dites-lui sur son
compte tout ce que le bon Dieu vous mettra au cœur , ne lui parlez de vous que fort en gene-
ral , s'il parle de vos playes dites-lui qu'elles sont fermées depuis que le Pere Sabatier fut
chez vous , & ne lui faites rien voir :* & après plusieurs autres avis de la même espece ,
il finit sa lettre en disant : *Nôtre Seigneur veut que vous en eussés maintenant de la sorte,
& il est indispensable de le faire même à l'égard de vos proches.* Eh quoi ! Nôtre Seigneur
vouloit qu'elle mentit à son Evêque & à ses Parens, & qu'elle leur dit que ses playes
étoient fermées , tandis qu'elles ne l'étoient point, comme cette maniere de parler le fait assez voir.

A l'égard de la refection de la lettre , il ne faut pour le comprendre que jetter
les yeux sur sa réponse qui suit dattée du 26. Août, pag. 39. on voit bien par les
termes dans lesquels cette Fille répond , combien peu le P. Girard avoit été le maître de son emportement ; ses expressions devoient être bien violentes , puisqu'elles
portent cette Fille à répondre qu'elle ne peut s'empêcher de lui dire *qu'elle ne sauroit
soutenir toute l'étenduë de ses rigueurs à son égard.*

Elle

Elle parle ensuite de son frere le Jacobin, & dit qu'elle est plus que convaincuë que le Mémoire qu'il a fait n'est jamais sorti de ses mains : *Pour preuve (dit-elle) de ce que je vous avance ici, c'est que je defie telle personne que ce soit de la Ville de pouvoir vous en produire un seul mot qu'il soit écrit de sa main, tellement je connois son caractere.* Voit-on dans la Lettre produite aujourd'hui par le P. Girard qu'il y fût question du Jacobin, & qu'il y en ait un seul mot.

Cette Fille après un reproche modeste qu'elle lui fait sur son peu de charité à son égard, ajoute : *Vous auriez dû faire attention que je ne vous ay jamais manqué de fidelité en tout ce qui a pû vous regarder jusqu'ici ; mais je puis me tromper, & je veux bien pour me convaincre pleinement vous exhorter ici a retirer par adresse quelqu'une de ces copies que vous dites etre repanduës dans les quatre coins de la Ville.* La Lettre produite par le P. Girard tient-elle ce langage des quatre coins de la Ville : *J'ay apris,* dit-il, *qu'il y avoit dans la Ville plusieurs copies de l'écrit que vous me remites hier.*

Enfin cette même Lettre que fait paroître le P. Girard, qui ne renferme qu'une simple menace de reproches à faire, *jugez dans cette circonstance quels reproches j'aurois a vous faire,* convient-elle avec les reproches sanglans qu'elle dit l'avoir reduite à l'agonie, & qu'il ne faudroit plus qu'un seul coup de cette espece pour lui causer la mort.

Tout cela prouve plus qu'il ne faut que cette Lettre a été refaite, & que le P. Girard a prudemment suprimé des expressions qui pouvoient justifier le P. Cadiere, parce qu'elles auroient mis trop à decouvert la passion qui l'agittoit, & le vrai principe qui le rendoit si fort sensible à la prétendue infidelité qu'il reprochoit à sa penitente.

Mais ce qui est de plus scandaleux, c'est de voir que cet homme de Dieu, en lui ordonnant de mentir, l'assurant que c'étoit la volonté de nôtre Seigneur, mentoit sçiemment lui-même, & de propos deliberé ; il n'osoit pas dire ce qui s'étoit passé chez M. l'Evêque au sujet de ce Mémoire, & pour ne pas decouvrir ce fait, il suposoit d'avoir apris qu'il y en avoit dans la Ville plusieurs copies, il ajoûtoit pour donner à ce mensonge un air de verité, *c'est une des personnes même qui l'a eu, & qui l'a peut-etre encore entre les mains qui m'en a instruit, & qui m'a fait le détail de tout ce qui s'est passé en vous pendant le Carême, je saurai bien-tot par qui l'on a eu la communication de ces papiers.* Quelle est donc cette personne qui l'avoit instruit ? D'où vient qu'il n'a jamais osé la nommer, parce qu'il auroit falu parler de la conversation de M. l'Evêque, & que dez lors le mensonge étoit decouvert, & le P. Cadiere pleinement justifié.

D'où vient encore que de tant de copies qu'il disoit répanduë dans la Ville il n'en a jamais fait paroître aucune à la Demoiselle Cadiere qui l'avoit exhorté d'en retirer quelqu'une par addresse, si ce n'est parceque c'étoit une imposture ; ce que son Apostillateur a bien senti lorsque par sa note sur la réponse dont il s'agit, au bas de la pag. 39. dit, *Qu'il est assez plaisant que tandis qu'elle fait ce defi, elle ignoroit d'avoir envoyé par mégarde au P. Girard ce Memoire écrit de la main de son frere le Dominicain.* Son observation est bien plus plaisante de ne s'être pas souvenu qu'il venoit de notter dans le sommaire qu'il a fait sur la Lettre du P. Girard *que le P. Cadiere deux jours auparavant le 21. avoit montré ce Memoire dans Toulon à l'inceû du P. Girard,* & que parmi les papiers que lui remit la Demoiselle Cadiere, le P. Girard fut fort surpris d'y trouver le même Memoire du Carême écrit de la main du P. Cadiere.

La Demoiselle Cadiere avoit donc raison de faire au P. Girard le defi qu'elle lui fait dans sa Lettre ; car si ce Mémoire qui ne fut montré à Toulon à personne autre qu'à M. l'Evêque par le P. Cadiere, est le même qui est écrit de sa main, il resulte de l'identité de ce Mémoire ainsi avoüée, que le P. Cadiere ne l'a point remis à qui que ce soit, qu'il ne pouvoit par consequent y en avoir, alors des copies, & qu'après qu'il l'eut fait transcrire à Toulon par son frere l'Abbé, il renvoya, comme nous l'avons déja dit, à sa Sœur deux jours auparavant le 21. la minute qu'elle lui avoit dicté, & la transcription que l'Abbé en avoit faite, qu'elle remit le même jour 21. au P. Girard ; ayant conservé la minute qu'elle remit en-

K

ſuite indifferemment avec tout ſes papiers à la Demoiſelle Gravier qui fut les prendre le 22. de l'ordre du P. Girard. Et voila comme il n'y a rien d'aſſés plaiſant qu'elle lui ait envoyé cette minute : & qu'il eſt au contraire fort plaiſant que pour dire une puerilité qui eſt repetée dans le ſommaire qu'il a mis à la tête de ce Memoire pag. 49. l'Apoſtillateur tombe dans des contradictions qui ſervent toujours à juſtifier le P. Cadiere.

Mais tout cela n'eſt encore rien, les trois inductions qu'il veut qu'on tire de ce Memoire, ſont bien plus merveilleuſes.

1°. Qu'on ne dois pas attribuer les choſes extraordinaires qu'on y raconte aux operations du Demon, comme le prétend aujourd'hui la Cadiere.

2°. Qu'une Fille élevée au fonds d'une Boutique de vendeur de chanvre, ne l'a pas compoſé.

3°. Qu'on ne peut alier tout ce qui ſe paſſa en elle pendant ce Carême avec les infamies qu'elle prétend avoir ſouffert dans ce tems-là même.

Le premier & le dernier de ces articles ne ſont pas du fait du P. Cadiere : s'il étoit chargé d'y répondre, il auroit bien-tôt confondu le P. Girard, ainſi qu'on l'a déja fait d'une maniere ſans replique par les Memoires imprimez de la Demoiſelle Cadiere & de l'Abbé ſon frere.

Ce qui intereſſe préciſément le P. Cadiere, c'eſt de ſe juſtifier ſur la prétenduë compoſition de ce Memoire, d'où l'on veut induire le complot, en ce qu'on ſupoſe que ſa Sœur n'a pas été capable de le lui dicter; & c'eſt pour apuyer cette impoſturé que l'Apoſtillateur continuë de faire obſerver par ces notes au bout de la page 51. *Qu'il y a une expreſſion barbare toute latine purement Theologique qui n'a jamais été dans la bouche de la Cadiere, & que ſans douté elle ne comprend même pas : & à la fin de la pag. 54. ſur ce qui eſt dit dans le memoire au ſujet des Anges, Que c'eſt une pure & foible opinion de l'Ecole des Thomiſtes, que le P. Cadiere érige ici en verité revelée.*

Nous avons deja fait obſerver qu'il doit reſulter de la procedure, par les depoſitions des Dames de l'Eſcot & Rimbaud, des deux Dames de Guerin, & de Marie Matheronne, qu'elles ont vû le P. Cadiere dans le Confeſſionnal, ſa Sœur lui dictant ce Memoire de Carême : & il ne faut pas dire qu'elles ne pouvoient pas le ſçavoir : c'étoit une choſe connuë dans le Monaſtere ; outre que la curioſité d'ailleurs ſi naturelle aux Religieuſes ſur tout ce qui ſe paſſe dans le Couvent, ne pouvoit pas leur laiſſer ignorer ce que cette Fille faiſoit alors, ayant employé touté la journée à dicter ce Memoire.

Pour comprendre maintenant ſi elle étoit capable de le faire, il n'y a qu'a conſiderer deux choſes 1°. La maniere dont le P. Girard avoit dirigé cette Fille, les Viſions qu'elle lui avoient racontées ; & ſi celle du Livre des ſept Seaux contenuë dans ce Memoire pag. 53. a été veritablement raportée au P. Girard, comme il l'avoüe au 27. Interrogat, ſi elle lui a dit qu'elle avoit vû la Gloire Celeſte & les Saints ſuivant leur rang, ce qu'il n'oſe encore denier ſur le 27. Interrogat, il faut donc croire qu'après le lui avoir declaré, elle a été également capable de le dicter au P. Cadiere.

2°. Il ne faudroit même pour ſe convaincre de la capacité de cette Fille à cet égard, que jetter les yeux ſur la procedure, il en reſultera entre-autres par la dépoſition de la Battarel, que cette Fille pénitente Stigmatiſée du P. Girard, quoiqué de baſſe extraction, y tient un langage auſſi ſuivi que le plus ſçavant Theologien pourroit faire ſur pareille matiere.

Il ne faudroit même pour cela que la depoſition de Meſſire Giraud Curé, pour comprendre que toutes les pénitentes ſtigmatiſées du P. Girard poſſedoient ces matieres à fonds par la ſçience du Quietiſme qui leur avoit apriſe : nous pourrions même s'il en étoit beſoin, nous ſervir du temoignage très-reſpectable du Réverendiſſime P. Sabatier, qui étoit ſurpris, ainſi que Meſſire Giraud le depoſe, que ce Curé trouvât que tout ce que ces Filles lui diſoient n'étoit que des erreurs & des illuſions, & qu'il n'avoit s'il vouloit qu'à l'aller dire à M. l'Evêque. Oſeroit-on difputer à ce vertueux & fçavant Jefuite le titre d'Autheur grave, & que tout au moins il ne puiffe faire une opinion probable.

L'Apoftillateur veut encore donner pour preuve que le P. Cadiere a compofé ce Mémoire, parce qu'en parlant de la Sainte Trinité, il y eft dit, que le Pere eft *improduit*, il trouve que ce mot *Improduit*, eft une expreffion barbare, toute latine, & purement Theologique, inconnuë à la Demoifelle Cadiere ; tandis que les petits enfants qui vont au Catechifme le fçavent. Il n'y en a aucun à qui fi l'on demande d'où procede le Pere, ne réponde qu'il ne procede d'auctin, qu'il eft Eternel, Infini, Immenfe, Incomprehenfible. Pourquoy la Demoifelle Cadiere n'aura-elle pû dire qu'il eft Improduit, ces fortes d'expreffions adverfativesétant fi familieres dans l'ufage : on dit d'un homme qui n'a point de Religion ou qui fe joüe de la Religion, c'eft un impie ; s'il eft deregle dans fes mœurs & poffedé d'une paffion infame, c'eft un impudique ; fi fous un exterieur de vertu il cache un cœur corrompu, c'eft un impofteur : il n'y a point de fille qui fans fçavoir le latin n'eût dû connoître la valeur de ces termes à la place de la Demoifelle Cadiere, fi elle n'avoit été fafcinée par fon Directeur.

Et quant au rang & à la nature des Ange dont il eft parlé dans la Vifion du 23.me. jour pag. 54. fur quoy l'apoftillateur pour perfuader encore que le P. Cadiere a compofé ce Mémoire, a fait cette favante & belle glofe, que c'eft une pure & foible opinion de l'Ecole des Thomiftes que le Pere Cadiere érige ici en verité revelée. Ce Glofateur montre ici qu'il n'y a que paffion ou ignorance dans fon fait, ou peut-être tous les deux enfemble : car s'il étoit moins aveugle ou plus inftruit, il auroit apris que l'opinion fur la nature des Anges n'eft pas fi foible, puifqu'elle a un fi grand nombre d'illuftres Deffenfeurs, ni fi propre à l'Ecole des Thomiftes, puifqu'elle eft foutenuë par un grand nombre de Sçavans Perfonages, parmi lefquels on peut compter Granado Jefuite, Gilles Romain, Auguftin Cumel de la Mercy, Boucat des Minimes, Clitovius, Sylvius, Eftius, & une infinité d'autres, fans parler des Salamanques qui affurent hardiment que c'eft l'opinon la plus cnmmune.

Mais ce n'eft pas à quoi l'on doit s'arrêter, nous ne faifons ici cette obfervation que pour montrer que le Glofateur ne comprend pas lui-même ce qu'il veut dire, lorfque pour charger le P. Cadiere d'avoir compofé ce Mémoire, il s'avanture de raifonner fur la Doctrine de l'Ecole de Saint Thomas.

Pour le confondre entierement, & faire voir que fa malignité va de per avec fon ignorance, nous le prions de nous dire, dans quelle Ecole le P. Cadiere auroit-il apris que les Anges ne compofent qu'un Chœur, comme il eft dit au même endroit de ce Mémoire ? En bon Thomifte n'auroit-il pas admis neuf Chœurs ? De plus qui lui auroit enfeigné que le moindre des Saints furpaffe dans le Ciel le plus grand & le plus diftingué des Anges ; étant auffi habile Theologien & auffi rigide Thomifte qu'on lui fait l'honneur de le fupofer, auroit-il avencé de lui-même de fang froid & dans un fi grand loifir après un examen auffi mur & auffi deliberé qu'on le pretend, des erreurs fi abfurdes ?

Il eft vrai qu'il a écrit ce Mémoire fous le dictamen de fa Sœur ; mais fi ces erieurs, qu'aparemment elle avoit aprifes fous la direction du P. Girard, ne l'ont point arrêté, s'il les a paffées, c'eft la prévention où elle l'avoit mis, c'eft la bonne opinion qu'il avoit de fes lumieres ; il n'ofoit fe donner la liberté de faire fes reflexions là-deffus, tant il croyoit ces lumieres étoient furnaturelles: ne devroit-on pas au contraire plûtot prefumer que le P. Girard, ou le Demon dont il lui avoi fait accepter l'obfeffion, & qui ne l'avoit alors quittée qu'en aparence pour le mieux tromper, comme il arrive fouvent, fuivant la remarque d'Henry *de Haffia* dans fon Commentaire fur la Genefe, & l'Article 17. de la decifion que la Faculté de Paris fit dreffer en 1418. en 28. Articles, que c'étoit ce Demon Obfeffeur qui lui avoit fuggeré ce langage, affez aprochant de celui qu'il avoit fait tenir à Mahomet dans fon Alcoran, Azoar 17. où il declare que Dieu avoit commandé aux Anges d'adorer Adam : le Glofateur auroit encore pû penfer que ce Demon femblable à celui dont il eft parlé dans les Lettres du M. le P. de Conty, étoit Tomiste, en faisant parler la Cadiere sur la difference des Ange conformément au Thomisme.

Mais c'est trop s'arrêter à refuter des puerilités qui se font assés sentir d'elles-mêmes ; le P. Girard n'a pas osé disconvenir que les quatre premieres pages de ce Mémoire lui furent remises par sa pénitente avec des papiers qu'elle avoit alors, avant qu'elle partit pour aller au Couvent d'Ollioules : Or si le P. Cadiere étoit l'auteur de ce Mémoire, s'il l'avoit composé, qu'est-ce qui l'auroit empêché d'en hâter, d'en achever la composition, & de le finir pour delivrer la Sœur des importunités du P. Girard, & la tirer de l'embarras où les Lettres de cette Fille justifient qu'il l'avoit mise par les instances vives & pressantes qu'il lui faisoit de lui remettre ce Mémoire depuis qu'elle étoit au Couvent ?

La premiere cause de l'interruption de ce Mémoire, fut le départ de la Demoiselle Cadiere pour le Couvent ; la seconde vint de ce que le P. Cadiere quoiqu'il visita sa Sœur à Ollioules, chargé comme il étoit de professer la Philosophie, n'eut pas loisir d'y rester un tems suffisant pour écrire ce long Mémoire, c'est ce qui fit defferer jusqu'aux vacances du mois d'Aust, encore ne se rendit-il qu'aux instantes prieres de sa Sœur qui étoit vivement pressée alors par le P. Girard : & une preuve qu'il n'a pas composé ce Mémoire & que c'est sa Sœur qui le lui a dicté, c'est qui ne roule presque entierement que sur les même Visions & les connoissances qu'elle avoit eu, & les prodiges qui lui étoient arrivez pandant le Caréme, dont le P. Girard a été forcé d'avoüer dans ses réponses qu'il avoit été le témoin oculaire, & qu'elle les lui avoit racontées. Or si le P. Cadire n'a point invente ces Visions, il est clair qu'il ne peut avoir composé ce Memoire comme on veut le persuader.

Une autre preuve qu'il n'en est pas l'auteur, c'est que s'il eût fabriqué lui-même les quatre premieres pages qui furent remises, ainsi que nous venons de l'observer, au P. Girard avant l'entrée du Couvent, c'est-à-dire avant le 6. du mois de Juin, ce que celui-cy n'a jamais osé denier, n'eut-il pas avec la même facilité & dans un si long espace de tems qui avoit couru jusqu'au mois d'Aout, achevé tout le reste, cela saute aux yeux ; il l'auroit porté ou envoyé tout fait à sa Sœur, & n'auroit pas eu la patience d'écrire une journée entiere dans le Confessionnal d'Ollioules, ni elle non plus la peine de le lui dicter.

Mais enfin (nous dit encore l'Apostillateur en repetant ce qui avoit été déja dit dans la premiere partie du Sommaire imprimé) une preuve que les Freres & la Sœur ont comploté ensemble pour tromper le P. Girard, & que le P. Cadiere a composé ce recüeil des Revelations du Carême, c'est qu'il fut remis par la Cadiere au P. Girard le 21. d'Août 1730. écrit de la main de son frere le Prêtre, qui a aussi mis au net toutes les Lettres de sa Sœur au P. Girard, & la providence a permis que la Cadiere ayant renvoyé à ce Pere la plûpart des Lettres qu'il lui avoient écrites, ce Mémoire se soit trouvé dans le paquet de ces lettres écrit de la main du P. Cadiere.

Tout l'objet de ce raisonnement est donc de persuader, que le mis au net de ce recüeil des reflexions étant écrit de la main de l'Abé Cadiere, & la minute écrite de la main de son frere le Dominicain, celui-ci a composé le Mémoire & toutes les Lettres, qu'il en a fait toutes les minutes puisqu'on dit que l'Abbé les a toutes mises au net, & que c'est par là que les deux freres ont comploté avec leur Sœur pour le tromper.

Ici nous pouvons encore dire sans craindre de sortir des bornes de la moderation, que l'esprit de vertige n'a pas quitté jusqu'au bout l'Auteur de ces admirables reflexions : nous pouvons même lui rendre avec usure cette foule de démentis qu'il nous donne à la page 43. de la premiere partie de son Mémoire, par un seul qui ne lui sera pas nouveau, *mentiris impudentissime*.

Il n'est pas possible en effet de cumuler tant de mensonges à la fois. 1°. Il est faux sur le pied de ce raisonnement, que le P. Cadiere ait fait toutes les minutes des lettres de sa Sœur, le P. Girard nous fournit lui-même la preuve de la fausseté par la

remission

remiſſion qu'il a fait à la fin de ſon Interrogatoire de 9. minutes tant ſeulement écrites par le P. Cadiere, dont il a produit la copie écrite de la main de l'Abbé ; Or paroiſſant par ſon Recüeil Imprimé qu'il y a 23. Lettres de la Demoiſelle Cadiere, ſans compter celles qu'il a ſuprimé, s'il faut regarder, ſelon lui, les minutes de ces lettres écrites de la main du P. Cadiere, comme une preuve qu'il les a toutes compoſées, la conſequence eſt fauſſe, parce que n'ayant écrit que neuf minutes, il ne peut en raiſonnant toûjours ſur le même pied que raiſonne l'Auteur des reflexions, avoir compoſé les autres lettres dont il n'a point fait les minutes.

2°. Il eſt faux que la minute du Mémoire des Revelations du Carême écrite de la main du P. Cadiere, ſoit une preuve qu'il a compoſé ce Memoire, & qu'il a comploté pour tromper le P. Girard ; Parce que ſi cela étoit, le P. Girard avoit en main de quoi éclaircir ſur le champ cette tromperie ; il a cent fois avoüé que la Demoiſelle Cadiere lui remit de ſon ordre avant qu'elle entrât au Couvent tous les papiers qu'elle avoit alors : Or il y avoit parmi ces papiers la minute de cette Lettre, que l'on a donné pour être ſi fameuſe & ſi concluante comme nous l'avons déja vû, écrite à Toulon, & envoyée d'Aix ; il y avoit auſſi le Memoire commencé de ce qui s'étoit paſſé au voyage d'Aix écrit de la main du P. Cadiere, & le Memoire fait au ſujet de la Sœur de Remuzat écrit de la main de l'Abbé, ainſi que le Pere Girard en convient. Tous ces papiers lui furent remis dans le même-tems. Il y avoit de plus parmi ces papiers une minute de quatre pages qui contenoit la relation des premiers jours du Carême ; cette minute écrite auſſi de la main du Pere Cadiere ; le P. Girard en demeure pareillement d'accord en Jeſuite, c'eſt-à-dire, en biaiſant tant qu'il peut, dans ſa confrontation avec le Pere Cadiere.

Il en reſulte que le P. Cadiere le preſſant ſur cet article, & lui ſoutenant qu'il demanda avec inſtance à la Demoiſelle Cadiere lors qu'elle étoit à Ollioules de lui donner le complement de Carême dont il avoit eu avant ſon départ de Toulon les neuf premiers jours. Le P. Girard très-embarraſſé de répondre, *dit n'avoir point d'idée de s'être ſervi de ce terme pour demander ce Caréme, mais que s'il s'en étoit ſervi, ce ne pouvoit être que ſur l'aſſurance que lui avoit donné peut-être d'abord à ſon arrivée au Couvent la Demoiſelle Cadiere, que le commencement de ce Caréme étoit dans le rouleau (les papiers remis avant l'entrée au Couvent) ſans que lui répondant l'eût veu pour cela, & eut pu connoître le different caractere dont parle ledit P. Cadiere.*

Ce fait de n'avoir pas vû alors ce commencement de la relation du Caréme, eſt un autre menſonge groſſier, nous allons le faire toucher au doigt : Mais ſupoſons pour un moment qu'on doive le croire, il ſeroit toûjours également vrai de ſon propre aveu, qu'ayant reçûs des mains de la Demoiſelle Cadiere le 21. Août le Memoire contenant la relation du Caréme écrit & mis au net de la main de l'Abbé Cadiere, & que le lendemain 22. ayant reçû des mains de la Gravier qui fut prendre à Ollioules ſes lettres, que la Cadiere lui remit indifferemment avec les minutes écrites de la main du P. Cadiere, parmi leſquelles étoit la minute de ce Memoire du Caréme écrit auſſi de la même main, il lui fut bien aiſé de demêler pour lors les deux differens caractere, & de comprendre, même dans la fauſſe préſupoſition d'avoir crû que ce Memoire fût écrit de la main de la Demoiſelle Cadiere, qu'il falloit neceſſairement que la minute où l'original fuſſent écrits d'une autre main ; toutefois s'aviſa-t-il alors de dire un ſeul mot là-deſſus, & s'en eſt-il aviſé même par ſa lettre du 22. Août, par laquelle il ſe plaint qu'il y avoit à Toulon des copies de ce Memoire quoiqu'il ait réfait cette lettre depuis le procès, comme nous l'avons demontré.

Cette circonſtance, qui eſt déciſive & preſſante, a encore donné lieu à deux autres menſonges.

1°. Que le P. Girard ne vit point en détail, n'examina point les papiers qui lui furent remis avant que la Cadiere entrât au Couvent, ils étoient en rouleau, (dit-il) & il jetta ce rouleau dans un coin de ſon Bureau ſans le lire.

L

2°. Il ne fit pas non plus la lecture de la relation du Carême que lui remit la Demoiselle Cadiere le 21. Août , ce ne fut qu'après le procés commencé qu'il s'apperçût qu'on l'avoit trompé en examinant & comparant les deux differens caractere.

Mais à moins qu'on veüille prendre les gens pour des Gruës, est-il permis de mentir si grossierement : Qui croira que le P. Girard si curieux & si attentif à ramasser tous les papiers de sa Pénitente , aye eu la constance de garder depuis le 6. de Juin 1730. jusqu'au procés, ceux qui lui avoient été remis en rouleau , sans les voir ? Et comment auroit-il pensé de demander le *complement* ou le reste de la relation du Carême, ainsi qu'il n'ose le desavoüer , sans avoir vû la minute du commencement de cette relation qui lui fut remise avec ces papiers ?

Qui pourra encore se persuader voyant par ses Lettres l'ardeur , les empressemens avec lesquels il avoit demandé cette Relation à la Demoiselle Cadiere , l'impatience extreme où il étoit de la recevoir, qu'il ne l'ait pas lûë au moment qu'il l'eut entre les mains , & que , comme il le dit rediculement en la pag. 10. de la premiere partie de son Imprimé , il sçût ce que contenoit cet Ecrit sans l'avoir encore lû.

Mais il y a plus , interrogeons ici le P. Girard sur ce point ; car il faut le réduire à se démentir lui-même. Qu'il nous dise comment il a pû écrire à la Demoiselle Cadiere par sa Lettre du 22. Août quoique refaite : *J'ai apris cette aprés-dinée qu'il y avoit dans la Ville plusieurs copies de l'écrit que vous me remites hier , & que vous avés eu tant de peine à me donner. C'est une des personnes même qui l'a eu & qui l'a peut être encore entre ses mains , qui m'en a instruit & qui m'a fait le détail de tout ce qui s'est passé en vous pendant le Carême.* Or qu'il nous soit permis de lui demander, comment il avoit pû comprendre par le détail qu'il disoit que cette personne lui avoit fait , que cela étant conforme à l'Ecrit, s'il ne l'avoit par lû ? Faudra-t'il encore ici le croire Sorcier.

Que s'il ne veut pas qu'on le croïe Sorcier, il faut donc qu'il réponde malgré qu'il en ait , qu'il avoit lû alors cette Relation , qu'il l'avoit comparée avec les autres papiers déja reçûs , qu'il avoit compris, supposé qu'il ne le sçût pas comme il le sçavoit certainement, que cette Relation étoit écrite par l'Abbé Cadiere , & que la minute étoit de la main de son Frere le Dominicain : car s'il avoit tant soit peu douté pour lors que la Demoiselle Cadiere sçût écrire , comment concevra-t'on qu'il eût borné ses plaintes par la Lettre du 22. à lui dire seulement qu'il y avoit des copies de cette Relation dans la Ville, qu'il ne se fût pas recrié, qu'il n'eût pas exclamé avec plus d'emportement & de vivacité qu'elle l'avoit trompé , qu'elle avoit comploté avec ses Freres pour l'amuser : voit-on rien d'aprochant dans sa Lettre non plus que dans les autres suivantes.

Interrogeons encore ici la Guiol sa chere confidente , qui nous aprendra quels furent les sentimens du P. Girard aprés sa Lettre du 22. Août , & la Réponse que la Demoiselle Cadiere lui fit le 26. par laquelle lui parlant comme à un homme instruit que son Frere le Dominicain avoit écrit ce Memoire , elle le défioit de trouver une personne qui pût produire un seul mot écrit de la main de ce Religieux, *tellement (dit-elle) je connois son caractere.* Que nous dira donc la Guiol des sentimens du P. Girard ? Il n'y a qu'à lire la Lettre qu'elle écrivit à la Demoiselle Cadiere le 30. Août, elle est raportée au même Recueil pag. 40.

En arrivant à Toulon vers l'heure de midy , je fus me descendre à la porte des Jesuites , je vis un moment notre cher Pere abimé dans la désolation : & un peu après , j'ai été ce matin le voir de retour de la campagne depuis le soir de Saint Augustin , je ne sçai si au dernier moment de sa vie il sera plus mourant qu'aujourd'hui , je lui ay demandé qu'elle étoit sa disposition , & si sa douleur étoit toujours la même ; il m'a répondu avec grande confiance que son amertume augmentoit de moment en moment , & que ce matin en s'éveillant , il avoit eu un redoublement de désolation , qu'il m'a donné à comprendre , qu'il lui ôtoit entierement la parole. Ma tréschere Sœur je vous laisse à penser à quel point doit être l'excez de ma tristesse , vo-

yant les deux personnes que j'aime & que j'estime le plus au monde, réduites à la dernière des épreuves ; & tout cela qui en est cause ; c'est vous ma très-chère Sœur ; il ne falloit de vôtre part qu'un seul mot de réponse sur le champ avec grande simplicité, & l'on auroit été en paix.

Rapellons ici pour un moment nos réflexions avant finir la Lettre : D'où venoit donc cet extreme douleur, cette grande desolation du P. Girard ? Etoit-ce pour avoir connu que la Demoiselle Cadiere l'avoit trompé de concert avec ses freres, & qu'ils avoient comploté ensemble contre lui ? Point du tout (nous dit la Guiol) *avec un seul mot de réponse avec grande simplicité il auroit été en paix.*

Mais cette grande, cette excessive desolation jusqu'à lui ôter entierement la parole, n'avoit-elle pas fait prendre au P. Girard la resolution de ne plus voir cette Fille fourbe, scelerate, hipocrite ; car c'est la moderation avec laquelle il la traite aujourd'hui dans son Memoire Imprimé, en suposant qu'elle l'avoit trompé ? Encore moins. Continuons d'interroger la Guiol, demandons lui encore une fois de nous aprendre quels étoient les sentimens de ce saint homme desolé ; voici ce qu'elle répond.

Quoiqu'il en soit, sa charité le conduira à Ollioules aprés avoir dit la Messe ici, ma très-chere Sœur, je vous demande en grace par les merites de Jesus-Christ, de lui parler avec toute la sincerité qu'il vous sera possible, puisqu'il veut bien vous consoler, faites en sorte qu'il le soit à son tour : & un peu aprés ; je finis en vous témoignant toute la part que je prends à la consolation que vous recevrez Vendredy jour destiné au plus grands de tous vos bonheurs, &c.

Quoi ! cet homme de Dieu, si desolé, si affligé d'avoir découvert que sa Penitente avoit comploté avec ses Freres pour le tromper, loin de ne plus parler à cette Fille & de l'abandonner, alloit la voir pour la consoler, & cette consolation devoit être le plus grand de ses bonheurs.

L'Apostillateur de cette Lettre, ose dire, *que ce Pere ne pouvoit revenir de l'étonnement, de l'indignation, de la douleur que lui avoient causé tant d'impietez & tant d'impostures qu'il avoit decouvert dans cette Fille ;* & que ce fut parce que M. l'Evêque de Toulon qui ignoroit tout ceci, le pressoit de retourner à Ollioules, qu'il resolut d'y aller, & de se servir de cette occasion pour la porter à se reconnoître & avoüer ces fourberies ; tandis que la Guiol, ou que lui-même nous aprend (car nul ne croira jamais que cette Femme de Menuisier ait été capable de penser ni d'écrire de la sorte) qu'un seul mot de la Cadiere pouvoit tout mettre en paix.

Le pretexte que M. de Toulon ignoroit tout ceci, & qu'il le pressoit de retourner à Ollioules, est en verité bien placé, l'Apostillateur a sans doute oublié sa notte sur la Lettre qu'il datte du. 9. Août en la page 33. du Recüeil, où il dit, que M. de Toulon entra dans le Monastere avec les Freres de la Cadiere le 25. Août. Comment donc pouvoit-il ignorer tout ceci aprés les plaintes vives & emportées que le P. Girard avoit fait à cette Fille le 22. c'est-à-dire, trois jours auparavant, sçachant d'ailleurs le contenu du Memoire du Carême qu'il s'étoit fait lire par le P. Cadiere, comme l'on a dit, & se souvenant encore de la brutalité avec laquelle le P. Girard lui avoit parlé lorsqu'il voulut lui rappeller ce qui étoit dans ce Memoire,

Le P. Girard fut à Ollioules, mais ce fut pour tenter de se racommoder avec sa Penitente, il tourna & retourna pour cela l'esprit de cette Fille de toutes les façons, & non pour lui faire a voüer des Fourberies, des sacrileges & des impostures qu'elle eût mis en œuvre pour passer pour sainte, c'est une suposition ridicule que fait l'Apostillateur des trois Lettres qu'il a placées à la suite de celles de la Guiol, depuis la page 41. du Recüeil jusqu'à la page 43. il se dément lui même là-dessus, en reconnoissant qu'elle ne le voulut jamais avoüer non plus que ses Freres.

Il est encore également faux, que cette Fille, dont ces trois Lettres ne prouvent autre chose, si ce n'est qu'elle étoit toûjours dans le même état, & que ses maux & ses douleurs n'avoient fait qu'augmenter depuis cette derniere visite du P. Girard ; ne lui écrivit que pour se le conserver pour Directeur, dans la crainte que s'il l'abandonnoit cela la fairoit déchoir dans l'esprit du public ; il n'y a qu'à lire ces lettres pour voir s'il étoit possible qu'elle l'eût seulement pensé ; & il n'y a aussi qu'à jetter les yeux sur celle que lui écrivit le P. Girard le 15. Septembre qui est la derniere, pag. 44. pour comprendre la forte resolution qu'elle avoit prise & qu'elle lui avoit déclarée de l'abandonner lui même, & de choisir un autre Confesseur. *Ce que vous me dites de plus particulier dans vôtre entretien, ma chere Fille, (ce sont les termes de cette lettre) du moins ce qui me le parut fut l'article d'un Confesseur, sur le besoin duquel vous insistates plus d'une fois.*

Voila qu'elle fut la principale matiere de la conversation dans ce dernier voyage, bien differente de la fausse interpretation qu'il plait à l'Apostillateur de donner aux trois dernieres lettres de la Cadiere ; l'on comprend aisément par ce raisonnement du P. Girard que ce fut elle qui lui donna son congé, loin qu'il eût la pensée de la quitter ; il n'auroit pas été question comme il le fut, selon lui, d'insister plus d'une fois sur le choix d'un Confesseur, de quoi il ne peut s'empêcher de lui témoigner ses regrets, en lui offrant encore ses services, & en l'invitant à revenir à lui *en toute liberté si elle croyoit dans la suite que ses avis lui fussent necessaires.* Ce n'est point là le langage d'un Directeur qui auroit été trompé, & qui auroit reconnu dans sa Penitente une obstination à perseverer dans les sacrileges, les fourberies, & les impostures que l'Apostillateur met pour titre sur les lettres de cette Fille.

Que nous reste-il donc après avoir parcouru toutes ces Lettres, & cette Relation de Carême, si ce n'est de supplier la Cour de considerer s'il peut subsister la moindre idée par le P. Cadiere ait comploté avec sa Sœur pour tromper le P. Girard pendant tout le tems qu'elle a demeuré au Couvent d'Ollioules.

Est-ce de lui avoir fait accroire que cette Fille écrivoit elle-même ces lettres ? Nous avons demontré qu'il n'ignoroit pas, & qu'il ne peut soutenir d'avoir ignoré qu'elle ne sçavoit pas écrire, & que s'il en eût douté un seul moment, il lui étoit facile de s'en éclaircir, ayant en son pouvoir & en ses mains de l'écriture de ses Freres avant qu'elle entrât au Couvent.

Est-ce d'avoir composé ces Lettres ? Nous avons prouvé par les propres termes dans lesquels elles se trouvent conçuës, que le P. Cadiere ne voyoit point celles que sa Sœur recevoit du P. Girard ; & que loin de composer les réponses, il n'a pû faire autre chose que d'écrire ce que sa Sœur lui dictoit.

Est-ce de lui avoir imposé sur l'état de cette Fille, d'avoir suposé les Visions, les Extases, les Ravissemens, tous les accidens enfin qui lui survenoient au Couvent, & qui sont détaillez dans ces lettres ? Nous avons prouvé, dans la présuposition du resultat de la procedure & par son propre Aveu dans ses réponses, qu'il en est lui-même l'Auteur, qu'il en sçavoit la cause & le principe, qui les connoissoit, qui les, voyoit, qu'il les aprouvoit.

Est-ce d'avoir inventé des faux miracles pour lui persuader que la Demoiselle Cadiere étoit une sainte ? Mais qui la connoissoit mieux que le P. Girard, qui en étoit mieux instruit que lui ; pouvoit-on le tromper sur l'état de cette Fille aprés une direction de plus de deux ans, aprés les frequens voyages qu'il faisoit alors à Ollioules, & les conferences secrettes qu'il avoit avec elle.

Est-ce d'avoir écrit sous le dictamen de sa Sœur dans la Lettre du 9. Juillet 1730. raporté à la pag. 19. du Recüeil, qu'elle avoit eu une autre Extase aprés la Transfiguration du 7. Nous avons déja fait observer en la pag. 31. de ce Memoire que le P. Girard qui entra lui-même dans le Couvent, fut témoin de cette transfiguration, & qu'il dit à la Religieuse qui lui racontoit qu'elle l'avoit vûë communier, *Ne voulez-vous pas que je le sache puisque c'est moi qui l'ai communiée :* il affirma donc lui-même & la realité de l'accident & le miracle de la communion.

Il est vrai qu'il ne fut pas present le lendemain à celui dont il est parlé dans la Lettre du 9. mais la réponse qu'il fit le 14. à la Demoiselle Cadiere page 20. du Recüeil, est une preuve qu'il n'en doutoit pas, & qu'elle ne lui aprenoit rien de nouveau.

L'Apostillateur

L'Apostillateur de la lettre du 9. à trop grossierement suposé par sa notte, ainsi que nous l'avons observé ci-devant en la même page 21. de nôtre Memoire, que c'est une fausseté d'avoir dit dans cette Lettre qu'elle avoit communié miraculeusement, que si cela étoit arrivé, elle n'auroit pas écrit de la sorte & qu'elle n'auroit pas eu besoin de le lui aprendre. Nous avons fait remarquer en cet endroit, que la connoissance de ces Communions miraculeuses n'étant pas reciproque, la Demoiselle Cadiere parlant dans cette lettre d'une seconde Extase, ce n'étoit pas avoir dit faux au P. Girard de lui aprendre une seconde Communion.

A quoi il faut ajoûter pour découvrir à fonds l'artifice malin de l'Apostillateur qui a imaginé cette belle notte dans l'unique objet de faire suspecter les depositions des Religieuses qui ont attesté ce fait, qu'il s'est engagé lui-même à dire trois faussetez. 1°. Il a commencé par suposer à la page 46. de la premiere partie de son Imprimé, que c'est le 9. Juillet que la Communion miraculeuse que les Religieuses déposent avoir été declarée par le P. Girard, fut donnée par lui-même à la Cadiere.

2°. Que le fait deposé par la Dame de l'Escot *est un conte ridicule, ce Pere étant*, dit-il, *alors à Toulon.*

3°. Que ce même fait a été raporté dans le Recollement de cette Religieuse.

Or tout cela est absolument faux, & avancé faussement de propos deliberé pour confondre les deux Communions réçûës ; & pour en convenir, il n'y a qu'à considerer que les Religieuses qui ont deposé de ce fait, l'ont précisement placé au 7. Juillet, qui étoit le Vendredy & le même jour de la transfiguration de la Cadiere, auquel jour le P. Girard avoüe lui-même d'être entré dans le Couvent : que par cette Lettre que la Cadiere écrivit le 9. elle dit précisement *ipsissimis verbis*, que l'Extase dont elle parle lui arriva *le Samedi*, c'est-à-dire, la veille de sa Lettre qui étoit le 8. *Samedi pendant la celebration de la Messe je me sentis frapée &c.* Et aprés, *en sorte que me trouvant incapable de pouvoir Communier avec la Communauté, lui même* (le Seigneur) *daigna le faire d'une maniere digne de lui.* Ce n'est donc pas de la même communion de la transfiguration du Vendredi 7. qu'elle a parlé dans cette Lettre pour l'aprendre au P. Girard, c'est de celle du Samedi 8. qu'elle l'avertissoit, & qu'elle a dû croire que le P. Girard ignoroit ; ainsi la notte mise au bas de la Lettre est une fausseté & un mensonge averé.

Celui-là decouvre le second, parce que le fait de la communion qui a été deposé par les Religieuses, ne se raporte qu'à la communion que le P. Girard declara d'avoir donnée à la Cadiere le jour de la transfiguration, c'est-àdire le Vendredy 7. Juillet, auquel jour il n'étoit pas à Toulon, mais dans le Couvent & dans la chambre de la Cadiere, & non à la communion reçûë le Samedy, comme il est dit dans la Lettre; & c'est parce que ce jour le P. Girard n'étoit plus à Ollioules, mais à Toulon que la Cadiere le lui aprenoit.

Enfin il n'est pas vrai non plus que ce fait ait été deposé dans le Recollement ; nous presuposons au contraire qu'il doit resulter précisement des depositions de ces Religieuses ; & voilà de quelle maniere les deffenseurs du P. Girard abusent de la verité. Quel est donc le fondement qu'on peut faire sur cette Lettre & sur les autres pour nous imputer que nous avons comploté avec notre Sœur pour le tromper en inventant de faux miracles.

Est-ce encore d'avoir composé la Relation du Carême ? nous avons prouvé plus clair que le jour que le P. Cadiere ne peut en être soupçonné, qu'il n'a fait autre chose que prêter la main à sa Sœur pour écrire ce qu'elle lui a dicté, ainsi que nous avons fait obeserver qu'il resultera par la procedure ; & qu'enfin le P. Girard ayant pardevers lui cette Relation écrire de la main de l'Abbé, & la minute de la main du P. Cadiere, il n'a pût douter un moment qu'elle avoit été dictée par leur Sœur ; encore moins a-t'il pû croire que les Visions qui y sont raportées ont été inventées par le P. Cadiere, puisqu'il en avoit été le témoin, comme nous l'avons déja dit, & qu'il en connoissoit le principe.

Voyons en deux mots pour finir les preuves de ce second tems de sa direction, si ses deffenseurs ont été plus heureux dans les inductions de complot qu'ils ont

M

imaginées sur les deux autres Mémoires raportés aux pages 48 & 49. du même Recüeil ; l'un de ce qui s'étoit passé dans le voyage que la Cadiere fit à Aix , &
l'autre concernant la Sœur de Remusat.

A l'égard du premier, ce seroit vainement que nous voudrions nous y arrêter
après l'examen qui en a été fait ci-devant en la page 18. au sujet de la Lettre du 19.
Mai 1730. envoyée d'Aix à Toulon. Nous avons fait observer en cet endroit , que
si la Demoiselle Cadiere & ses Freres avoient comploté contre le P. Girard , elle
ne lui auroit pas remis comme elle a fait jusqu'à un chifon de papier pareil à ce
Memoire.

Pour ce qui est du Memoire concernant la Sœur de Remusat , il faut que Dieu
aye mis le P. Girard dans le comble de l'aveuglement pour oser manifester un pareil écrit.

Son Apostillateur fait observer à la tête de ce Memoire, que le P. Girard dirigeoit la Sœur de Remusat Religieuse de la Visitation de Marseille , *qui mourut ,*
dit-il , *le 10. Fevrier 1730. en odeur de sainteté.* On croira pieusement s'il le veut,
quoique les éclaircissemens qui furent pris lors de cette mort sur les papiers trouvez
dans la chambre de cette pretenduë sainte , & prudemment suprimez, n'ayent pas
encore établi cette odeur de sainteté dans la croyance de qui que ce soit.

Mais c'est une fausseté insigne d'avoir ajoûté dans cette note , que *comme le P.
Girard estimoit beaucoup la vertu de cette Fille , la Cadiere & ses Freres inventerent tout ce
que contient ce Memoire pour en mieux imposer au P. Girard , qui l'a produit au procez écrit
de la main de Messire Cadiere Prêtre.*

Il est dit dans ce Mémoire que *le nom d'Anne Magdeleine* (la Sœur de Remusat)
étoit inconnu à la Demoiselle Cadiere; Mais ses Freres le connoissoient encore moins:
Qui peut donc l'avoir apris à cette Fille que le P. Girard qui avoit dirigé la Sœur
de Remusat.

De plus, cette Fille auroit elle jamais sçû qu'il eût parû dans le monde une
Marie à la Coque qu'elle dit être sa Sœur dans le Memoire , si le P. Girard ne
l'en avoit instruite, dans le dessein de faire de sa Penitente qu'il avoit predit de voir
mourir dans deux ans, une Sainte de la même cathegorie , & de mettre aujour
le second Tome d'une histoire, à qui le public a rendu la justice qu'elle merite : Il
faudroit être bien aveugle pour ne pas voir que tout cela vient de la même main.

Enfin cette Fille , si le P. Girard ne lui avoit inspiré , se seroit elle avisée de
mêler Mr. l'Evêque de Marseille dans une Vision de la *Sœur de Remusat,* de le
faire trouver , lui vivant dans le Ciel revêtu de ses Habits Pontificaux , en prosses-
sion avec les Anges qui portoient sa Mitre. Le P. Girard , qui aparemment a pretendu faire par-là sa Cour en Jesuite ; veut-il que l'on croye que ce Prèlat aprouve des Visions , & que sa vigilance Pastorale pour le salut des autres ait besoin d'ê-
tre excitée pour le sien propre , par la presentation anticipée d'un objet de gloire
que l'œil n'a point vû , que l'oreille n'a point entendu , & que le cœur de l'homme
n'a point compris.

TROISIE'ME ET DERNIER TEMS DE LA DIRECTION
du P. Girard.

Icy nous allons voir s'accomplir à la Lettre ce que l'on dit ordinairement lorsqu'on a decouvert le mauvais succez de quelque artifice, que l'iniquité s'est démentie elle-même,

L'imposture & la calomnie ont cela de miserable , que ceux qui en sont les auteurs , craignant toûjours de se trahir eux-mêmes, saisissent sans reflexion tout ce
qu'ils croyent pouvoir les derober aux yeux perçans de la verité qu'ils trahissent , &
qui se presente sans cesse devant eux , semblable à ceux qui volent le bien d'autrui, les
précautions qu'ils prennent pour éviter la presence du maître , sont presque toûjours celles qui le leur font rencontrer.

Dans ce troisiéme espace de tems que nous allons parcourir , le P. Girard supose une suite de complot ; ou plutôt un complot renouvellé pour le perdre , & il pretend impliquer dans ce projet imaginaire , la Demoiselle Cadiere avec ses deux Freres , & encore le P. Nicolas Prieur des Carmes Déchauffez de Toulon.

Il faut donc voir s'il est vrai que ces quatre personnes ayent formé ce complot : Nous n'allons nous engager dans cet examen que par raport au P. Cadiere , les autres ont des Deffenseurs qui ne leur laissent rien à desirer de tout ce qui peut servir à les justifier.

Ainsi en nous reduisant à la deffense du P. Cadiere , il paroit necessaire d'eclaircir deux choses. Quel peut avoir été le principe de ce complot ; Quelle en a été la fin. Ce n'est que par ces deux voyes que l'on peut parvenir à developer les actions des hommes.

Or le P. Girard nous les ouvre lui-même ces deux voyes , & nous fournit le principe du complot qu'il nous impute : sur quoi nous suplions la Cour d'observer que nous ne parlons jamais qu'après lui ; c'est toûjours de lui que nous empruntons nos preuves.

Quel est donc , selon lui , le prncipe qui a donné lieu à la Demoiselle Cadiere & au Pere Dominicain son Frere de former ce complot ? Le P. Girard nous dit que c'est parce que la Sœur vouloit passer pour une sainte , & que voyant bien que son Directeur qui l'avoit quittée , cet abandon la fairoit déchoir de cette reputation de sainteté dans l'esprit du public , il faudroit qu'elle passât pour une insigne friponne (c'est le titre honnorable que l'Apostillateur lui a donné dans les Lettres manuscrittes qu'on a fait courir par la Ville avant qu'on les fit imprimer) il dit que le desespoir de ce changement d'état lui fit inventer pour se tirer d'affaire, la colmnie & le sistéme que tout le monde sçait ; en quoi (dit-on) elle fut non seulement aidée par ses Freres , mais aussi par le Prieur des Carmes son nouveau Confesser.

Voilà le principe du complot attribué à la Sœur : le P. Girard a fait l'honneur à sa Penitente de lui déferer la gloire de l'invention. Son Deffenseur a trop bien developé la fausseté de ce principe pour ne pas nous dispenser de nous y arrêter.

En ce qui est du p. Cadiere, le P. Girard veut qu'on le reconnoisse encore plus fécond en invention ; au lieu d'un seul principe de complot, il a la bonté de lui en attribuer deux autres, dont l'un est le desespoir de ne pouvoir plus faire passer sa Sœur pour sainte, l'autre le dépit de ce que M. l'Evêque de Toulon ayant decouvert qu'il l'avoit trompé , lui revoqua ses pouvoirs de Precher & de Confesser , & c'est ce qui le determina , selon le P. Girard , à ourdir ce complot , & de faire passer sa Sœur pour une prostituée pour se consoler de ce qu'elle ne seroit plus reputée sainte.

Ici il faut l'avoüer , nous ne sommes pas peu embarrassés de nous tirer d'affaires: Car comment pourrons nous parvenir à nous disculper, quoique nous puissions dire, à la vûë de ce premier principe, que le P. Girard nous impute d'avoir comploté contre lui, parce que nous ne pouvions plus faire passer nôtre Sœur pour sainte.

Nous venons de faire voir que dans l'espace des deux premiers tems de la Direction, le p. Girard accuse le P. Cadiere de complot parce qu'il a voulu faire passer sa Sœur pour sainte, qu'il a composé pour cela des Letres & des Memoires , qu'il a inventé des Visions , qu'il a publié des miracles dans ce dessein : Et dans le cours de ce dernier tems de la Direction, le Pere Cadiere est également accusé de complot parce que qu'il s'est proposé pour objet de ne plus faire passer sa Sœur pour sainte; ensorte que de quelque côté qu'il puisse se tourner le voilà toûjours coupable.

S'il s'agissoit ici de tout autre que d'un Frere & d'un Religieux , nous pourrions dire que cette contradiction suffiroit pour découvrir l'absurdité de l'accusations quoique le P. Girard par le secours des Témoins qu'il a fait assigner sous le nom du Promoteur, aït pourtant trouvé le moyen de la faire réaliser par un Decret d'Ajournement en personne contre le P. Cadiere, dont l'injustice saute aux yeux : mais l'obligation où il se trove engagé par son état de se justifier , & de ne pas souffrir que sa conduite soit ombragée par aucune démarche reprehensible , pas même par aucun soupçon qui puisse lui faire tort, l'engage à reclamer d'autres preuves plus pressantes & plus décisives.

Pour cela il faut nous encore interroger le P. Girard , & lui demander trois choſes. qui a fait ſortir ſa Penitente du Couvent ? qui lui a donné un nouveau Confeſſeur ? Qui a fait le choix de ce Confeſſeur.

Nous le défions qu'il oſe nier ſur la premiere de ces demandes , que ce ne ſoit Mr. l'Evêque de Toulon qui a fait ſortir la Demoiſelle Cadiere du Couvent ; ſon Deffenſeur a prudemment paſſé cette circonſtance dans la narration du fait à la page 11. de la premiere partie de ſon Memoire Imprimé, elle n'auroit pû s'ajuſter avec ce qu'il dit, que la Demoiſelle Cadiere étant ſortie du Monaſtere le 15. Septem. bre , elle ſe retira à une Métairie de ſes Parens, parce qu'elle prévit que cette ſortie & la retraite du P. Girard ne manqueroient pas de faire grand bruit dans la Ville.

Ce pretexte ainſi attribué à la Demoiſelle Cadiere , eſt une pure ivention , & auroit dabord parû faux , comme il l'eſt en effet , ſi l'on avoit ajoûté que ce fût Mr. l'Evêque lui-même qui voulut bien tirer cette Fille des mains du P. Girard, & la mettre en lieu de ſureté , non-ſeulement par la connoiſſance qu'il avoit de la maniere extraordinaire dont il l'avoit dirigée , mais encore par la notice qu'on lui donna du deſſein qu'avoit fait le P. Girard de la dépaiſer , & l'envoyer aux Char- treuſes de Premole près de Lyon , ce qui reſultera des depoſitions des Religieu- ſes d'Ollioules.

Tout cela determinera Mr. l'Evêque d'ordonner à Meſſire Camerle ſon Aumonier d'aller prendre la Demoiſelle Cadiere dans ſa chaiſe, & l'amener à la Métairie du ſieur Pauque l'un des Parens de la Fille , qui eſt voiſine de la maiſon de cam- pagne de Mr. l'Evêque : Voilà le ſeul motif pour lequel elle fut à la Métairie de ſon Parent au lieu d'aller à Toulon, Mr. l'Evêque le voulut ainſi pour être plus à portée de la voir , & de ſçavoir par lui-même tout ce qui s'étoit paſſé : nous préſupoſons encore que ces faits reſulteront de la procedure.

Voilà donc une premiere preuve qui détruit le principe du complot. La Demoi- ſelle Cadiere ne peut pas avoir comploté contre le P. Girard pour avoir compris que l'ayant abandonnée, cet abandon la fairoit déchoir dans l'eſprit du public ; pre- mierement , parce qu'il eſt faux que le P. Girard l'ait abandonné ; c'eſt elle au con- traire qui l'a congedié & qui a voulu le quitter , ainſi que nous l'avons fait obſerver ſur la lettre du 15. Septembre : Secondement , parce que l'abandon de ſa Direc- tion , loin de la faire déchoir, lui a dabord acquis plus d'eſtime & de conſideration de Mr. l'Evêque de Toulon ; s'il a enſuite changé de ſentiment à ſon égard , c'eſt par les Impreſſions que le P. Girard & ſes Suppôts lui ont donné de cette Fille , & les impoſtures qu'ils ont fait contr'elle.

A l'égard de la ſeconde demande que nous faiſons au P. Girard ? peut-il nous répondre que ce n'eſt pas Mr. l'Evêque qui a donné un nouveau Confeſſeur à la De- moiſelle Cadiere ? Et comment oſe t'il faire ſoutenir que ce fut dans la campagne où elle étoit qu'elle & ſes Freres le Dominicain & l'Ecleſiaſtique délibererent ſur le choix de ce nouveau Directeur, qu'ils choiſirent le P. Nicolas Carme , & que le P. Cadie- re , le propoſa à Mr. l'Evêque , qui conſentit à ce choix , quoiqu'il connût tres- peu ce Religieux.

C'eſt en verité bien faire l'éloge de M. l'Evêque de Toulon : il aprouve l'aban- don que cette Fille avoit fait du P. Girard , & la rétire de ſa Direction pour lui don- ner un nouveau Directeur qui fût capable de la conduire , & ce nouveau Direc- teur eſt un Religieux qu'il ne connoiſſoit preſque point.

La Demoiſelle Cadiere & ſes Freres le connoiſſoient encore moins ; elle n'avoit vû de ſa vie le P. Nicolas , ni oüi parler de lui ; il ne faiſoit que d'arriver à Tou- lon lorſqu'elle entra dans le Couvent d'Ollioules ; ſes Freres n'avoient non plus au- cune relation avec ce Religieux : comment donc pouvoient-ils deliberer alors de le choiſir pour Directeur préferablement à tant d'autres qui étoient à Toulon , dont l'experience & la capacité ne leur étoient pas inconnuës.

Mais diſons plus , ſupoſons qu'ils euſſent deliberé de faire ce choix , il reſte enco- re à ſçavoir , où ſe trouveroit en cela la matiere d'un complot : La Demoiſelle Cadiere ne vouloit plus du P. Girard , elle lui avoit donné ſon congé , Mr. l'Evêque

de Toulon

de Toulon n'en vouloit pas non plus, il lui falloit necessairement un nouveau Directeur. Quoi, c'étoit comploter contre le P. Girard. d'en choisir un autre, de déliberer avec ses Freres sur ce choix ? Ne craint-on pas que l'idée d'un complot de cette espece prouve trop le regret qu'avoit le P. Girard de voir que sa Pénitente s'étoit à la fin rebutée de sa Direction.

D'ailleurs, en suposant toûjurs que la Cadiere & ses Freres eussent fait ce choix ; comment auroient-ils pû avoir alors pour motif de perdre le P. Girard ; son Deffenseur dit lui-même que la Cadiere se croyoit une sainte, que ses Freres le croyoient de même, que le P. Cadiere proposa le P. Nicolas à Mr. l'Evêque pour Directeur de sa Sœur, & que Mr. l'Evêque lui dit qu'il l'avoit choisi pour confesser la sainte Fille : De sorte que sur le compte de cette Fille il n'y avoit jusqu'alors que des idées & une persuasion de sainteté.

Et l'on veut qu'en cet état il se soit fait un complot sur le choix du P. Nicolas ; Pourquoi faire ? pour ne plus faire passer la Cadiere pour sainte, pour la déterminer à publier elle-même la honte & l'infamie où son précedent Directeur l'avoit plongée, & par là se perdre d'honneur & le P. Girard avec elle ; Sans faire attention que pour realiser ce pretexte extravagant, ils proposent deux motifs incompatibles, l'un que le nouveau Directeur continüeroit de soutenir l'idée de sainteté de sa nouvelle Penitente pour ne pas la faire déchoir de cet état dans l'esprit du public ; & l'autre, que ce même Directeur lui inspireroit, la porteroit, la détermineroit à ne vouloir plus passer pour sainte ; & à se décrier dans l'esprit du public en lui annonçant la Direction criminelle du P. Girard. Voilà certainement de bien habiles Comploteurs, & un projet de complot bien concerté.

Enfin Mr. l'Evêque de Toulon ayant choisi ce nouveau Directeur, comme on est forcé de le reconnoitre, a donc participé à ce complot, il en est complice, il la aprouvé, il a autorisé ; car voilà les consequences qu'il faut tirer du beau raisonnement que le Deffenseur du P. Girard fait là-dessus Mr. l'Evêque a vû lui-même dez le commencement de la nouvelle direction du P. Nicolas, que cette Fille, qu'il croyoit sainte, ne l'étoit plus : que l'état où le P. Girard l'avoit mise étoit un état de fascination & de mort : que toutes les Visions, les Extases les Ravissemens, & les Miracles dont le P. Girard avoit porté & pressé cette Fille de faire la Relation dans son Memoire de Carême, que ce prélat avoit entendu lire, que tout cela n'étoit que prestige & qu'illusion : il a comme forcé dabord le pere Nicolas à lui dire ce qu'il en pensoit, il s'en est instruit par lui-même, en interrogeant cette Fille en particulier : En un mot, il s'est convaincu que cette Fille étoit autre chose que sainte ; il a reconnu au contraire qu'elle avoit été abusée par l'état d'Obsession que le P. Girard lui avoit fait accepter ; il l'a Exorcisée lui-même, & par là il a annoncé qu'elle ne devoit plus être regardée comme une sainte. les autres Pénitentes stigmatisées du P. Girard sont venües le trouver de son ordre après cette découverte, il les a reconnuës dans le même état : Il a donc agi, & s'est employé lui-même pour perdre le P. Girard ; car tous ces faits qui resulteront de la procedure se sont passez à la Campagne en presence de plusieurs personnes depuis le 16. Septembre que la Cadiere sortit du Monastere d'Ollioules jusques au 14. Octobre qu'elle revint à Toulon : pendant le cours de tout ce tems il n'étoit pas encore questtion de la revocation des pouvoirs du P. Cadire, il ne s'agissoit que du changement de l'etat de cette Fille, & de ce que Mr. l'Evêque l'avoit désabusée lui-même de sa prétendue sainteté.

Le Deffenseur du P. Girard ne pouvant resister à la force de ces consequences qu'il a bien prevûes, a taché de les prevenir en hazardant de donner un autre motif de complot : il atribue l'accident qui arriva à la Demoiselle Cadiere du 16. au 17. Novembre, après qu'elle fut revenue à Toulon, à la revocation des pouvoirs du P. Cadiere & du P. Nicolas, il dit que M. l'Evêque ayant apris les Exorcismes secrets, les sollicitations que l'on faisoit aux pénitentes du P. Girard, les discours injurieux & peu séans que l'on tenoit contre ce pere, & découvert le mistére d'iniquité, il ordonna à son Grand Vicaire de faire toutes les recherches qu'il pourroit, & qu'ayant découvert que les P.P. Cadiere & Nicolas étoient les auteurs de tous ces mouvemens scandaleux, il leur ôta ses pouvoirs ; qu'un coup si imprevû irrita tellement ces Religieux, qu'ils crurent dez lors

ne devoir plus mettre péril à rien ; qu'après avoir inutilement essayé de porter M.
l'Evêque à revoquer leur Interdit, en lui promettant qu'il ne seroit plus parlé de
Sortilege, d'Obsession, ni d'Exorcisme, & ce Prélat n'ayant pas jugé à propos de les
rétablir puisqu'il disposoient ainsi des Demons, & les faisoient taire ou parler à
leur gré ; ils se livrerent à toute la fureur dont ils étoient animez, & que n'ayant
pû perdre le P. Girard, & en sa personne les Jesuites, dans l'esprit de Monsieur
l'Evêque, ils s'aviserent pour le décrier dans l'esprit du public de faire joüer la
scéne de la nuit du 16. au 17. Novembre, dont on fait ensuite la description avec
de fades plaisanteries à la pag. 14. de la premiere partie de l'Imprimé, en y joi-
gnant des circonstances la pluspart détruites par la procedure, & en géneral aussi
ridicules qu'elles sont fausses, & malicieusement imaginaires.

Il faut donc s'arrêter encore un peu sur ce second motif de complot, & achever
de confondre l'imposture & l'aveuglement où l'orgueilleuse passion des Supôts du P.
Girard. les a jettés ; il paroit par ce que l'on vient de raporter, qu'ils ne pouvoient
nous dire plus clairement que c'est ici l'affaire de la Societé.

Or en raisonnant sur la présuposition de ce second motif de complot, il faut
d'aborb observer que le Deffenseur du P. Girard veut établir à son ordinaire un
mensonge par un autre ; il fixe la decouverte qu'il dit avoir été faite par Mr. de
Toulon du mistére d'iniquiquité, après que la Cadiere y fut revenuë, & pour le faire accroire il avance hardiment que tout ce qui avoit précédé, que tout ce qui
s'étoit dit & fait jusqu'alors, la Possession de la Cadiere, son Exorcisme, celui de
l'Allemand & de la Batarelle, s'étoient passés dans le secret & sans témoins.

De ce raisonnement il resulte deux mensonges averés Il n'est pas vrai que tout
ce qui s'étoit passé eût été dans le secret & sans témoins jusqu'au moment que l'on
supose que Mr. l'Evêque par les recherches de son Grand-Vicaire découvrit le mistere d'iniquité, c'est-à dire, plusieurs jours après le retour de la Cadiere à Toulon.

Ce mensonge est tout à la fois très-injurieux à M. l'Evêque, & tré-reprehensi-
ble dans la bouche des Supots du P. Girard. Nous avons déja fait observer ce qui
s'étoit passé à la Campagne en presence de Mr. l'Evêque depuis le 15. Septembre
que la Cadiere sorti du Monastere d'Ollioules, jusqu'au 14. Octobre qu'elle revint
de Toulon : que Mr. l'Evêque avoit pleinement connu par lui-même l'état de cette
Fille : qu'il l'avoit Exorcisée & fait Exorciser par le P. Nicolas. Il n'est donc pas
vrai qu'il ignorât ces Exorcismes, & que tout se fût passé dans le secret & sans témoin.

Il n'est pas vrai non plus que Mr. l'Evêque eût réconnu que ce fût un mistére
d'iniquité ; on fait un grand tort aux lumieres de ce Prélat, il auroit bien tardé
d'ouvrir les yeux & de le reconnoitre : un seul exemple va encore mieux convaincre
qu'il n'y a en tout cela que suposition.

Le Deffenseur du P. Girard raconte à son ordinaire, c'est-à-dire toûjours bien
veridiquement, que les premiers jours de la Direction du P. Nicolas furent bien-tôt
suivis d'un nouveau miracle ; & ce miracle est une autre plaisanterie qu'il fait sur la
découverte miraculeuse d'une Croix envoyée du Ciel, ainsi que le P. Girard l'avoit
persuadé à cette Fille la lui ayant faite trover dans son lit où il l'avoit jettée pendant
un de ses accidens : Nous ne sommes pas en peine de la maniere dont le P. Nicolas
découvrira la fausseté de ce fait ; il faut nous reduire à ce qui nous regarde.

Prenons le raisonnement du Deffenseur du P. Girard tel qu'il nous le donne. Il dit
que le P. Girard ayant montré une autre Croix que cette Fille lui avoit donnée pour
miraculeuse, & fait découvrir en même tems l'Ouvrier qui les avoit fabriquées toutes deux ; les devots de la Croix, le P. Nicolas, la Cadiere & ses Freres surpris de cette
découverte, & outrés contre le P. Girard d'avoir dévoilé leurs fourberies d'une maniere si convaincante, resolurent de s'en venger, en le faisant passer pour Sorcier, &
le reste.

Or sans perdre de vûë cette époque de la découverte de la fausse Croix, que le Deffenseur place aux premiers jours de la Direction du P. Nicolas ; on demande pourquoi
Mr. l'Evêque ne découvroit point alors que les Exorcismes & les autres démarches
qui furent faits à la Campagne en sa presence, que tout cela n'étoit pas un mistére
d'iniquité ; & pourqui ces fourberies que l'on nous dit avoir été pour lors dévoilées,
ne le firent pas apercevoir qu'il étoit trompé.

Il est de fait, & il resultera de la procedure, qu'il a Exorcisé lui-même la Cadiere:
Or ces Exorcismes ont ils précédé ou suivi la découverte de la fausse Croix ? Qu'on
nous réponde.

Si les Exorcisme qu'il a fait ont précédé la découverte de la fauſſe Croix ; cette decouverte doit donc lui avoir dévoilé ce prétendu miſtére d'iniquité.

Si au contraire il a Exorciſé la Cadiere après la découverte de la fauſſe Croix, il a donc reconnu lui-même que ces Exorciſmes, & toutes les demarches faites enſuite auprès de cette Fille & des autres Pénitentes du P. Girard pour les déſabuſer de l'étta d'illuſion où il les avoit plongées, n'étoient pas un miſtére d'iniquité.

De là comment peut-on donner pour motif à la revocation des pouvoirs des PP. Cadiere & Nicolas, la decouverte de ces démarches, & les apeller un miſtére d'iniquité ? Voilà donc le premier menſonge pleinement averé.

Il reſte à découvrir le ſecond : le Deffenſeur du P. Girard ſupoſe que pour ſe venger de la revocation des pouvoirs, la Cadiere, ſes Freres, & le P. Nicolas ont fait joüer ce qu'il apelle la ſcéne de la nuit du 16. au 17. Novembre.

Le motif qu'on leur prête, eſt qu'ils avoient beſoin de témoins pour conſtater l'accuſation de Magie qu'ils vouloient intenter contre le P. Girard, de laquelle ils püſſent enſuite conclurre l'Inceſte ſpirituel contre ce pere.

Pour trouver un air de vraiſemblance à un deſſein qui auroit été ſi mal concerté, il faudroit en ſupoſant le deſir de ſe veger, que la Cadiere, ſes Freres, & ſon Directeur n'avoient abſolument que cette voie pour intenter cette accuſation ; & c'eſt ce qu'on ne peut pas ſoûtenir : Car s'ils avoient projetté de faire accuſer le P. Girard de Magie, auroient-ils eu beſoin d'engager la Demoiſelle Cadiere dans un nouvel accident, comme on le ſupoſe : Ils n'avoient qu'à rapeller tous ceux qu'elle avoit ſoufferts durant le cours de la Direction du P. Girard : les Transfigurations, les Communions miraculeuſes ; l'Aveu par lui fait d'avoir Communié ſa pénitente à Ollioules lui étant à Toulon : la connoiſſance de l'état où elle étoit ce jour-là qui le fit venir ſans en être averti, & qu'il attribua à un avis que ſon bon Ange lui avoit donné pendant la Meſſe : ſes prédictions, & cet art de deviner qu'il avoit apris à ſa pénitente, & de connoître le fonds des conſciences ; ils n'avoient qu'à joindre à ces faits ceux que leur auroient fourni les autres pénitentes ſtimagtiſées, la Laugier ſur tout, qui dans ſes tranſports crioit qu'on lui fit venir le P. Recteur pour lui ôter le Diable qu'il lui avoit donné, & faire voir à Mr. l'Evêque que ce n'eſt pas eux, mais le P. Girard qui fait taire ou parler les Demons à ſon gré. Tout cela reſultera de la procedure, & fait voir encore qu'il n'étoit pas neceſſaire de recourir à un éclat pour avoir des témoins, & conſtater une accuſation de Magie, ſi l'on avoit pû penſer de l'intenter.

Il en eſt de même de l'inceſte ſpirituel : l'accident qui prit à la Cadiere dans la nuit du 16. au 17. Novembre, étoit très-indifferent pour la preuve de ce crime d'Inceſte : Il n'y avoit qu'à raporter les faits horribles qui s'étoient paſſez pendant la Direction du P. Girard : les démarches criminelles de s'être enfermé ſous la clef ſeul à ſeul dans la chambre de cette fille : les attentats impudiques commis ſur ſa perſonne ainſi enfermé : la coupable curioſité de voir ſi ſouvent des ſtigmates, & ſur tout celui du côté gauche, quatre doigts audeſſous du teton : le deteſtable projet des écuelles d'eau rougeâtre & de mauvais goût portées & reïterées par lui-même à cette Fille ſans vouloir permettre qu'elle les reçut d'autre mains que de la ſienne : l'effet de cette boiſſon meurtriere à lui manifeſté & par lui verifié dans un pot de chambre : les pertes de ſang extraordinaires & reïterées qui l'ont ſuivi pendant ſi long-tems ; Falloit-il projetter une nouvelle ſcéne, ſelon le langage du Deffenſeur de ce ſaint Perſonnage, convaincu de tous ces faits horribles ſur ſon propre Aveu, pour entreprendre de l'accuſer d'Inceſte ſpirituel ?

Mais le P. Cadiere, pouvoit-il concevoir un ſi étrange projet après s'être mis lui, ſon Frere, ſa Sœur, ſa Mere, aux genoux de Mr. l'Evêque dans ſa Maiſon de campagne lorſque l'abus damnable que le P. Girard avoit fait de la ſimplicité de cette Fille fut découvert, après avoir ſuplié ce Prélat les larmes aux yeux de menager l'honneur de leur famille, & ſur tout l'interêt de la Religion.

Qu'elle ſorte de vengeance étoit celle-cy, lorſque pour deshonnorer le Directeur, il falloit ſe deshonnorer ſoi-même, flétrir la reputation de ſa propre Sœur, & charger tous ſes Parens avec elle d'oprobre & d'infamie : Si ſuivant l'idée que la Loi nous donne des faits alleguez, ceux qui ne paroiſſent point vrai ſemblables ſont reputez faux : Quel nom donnerons-nous à un projet de cette eſpece ? Production honteuſe ! conçüe dans les noires vapeurs d'une malignité conſommée, enfantée dans le déſeſpoirs qui fuit toûjours la conviction du crime ; mais reffource frivole pour le faire perdre de vûë & pour le pallier.

Finiffons nos Reflexions deja trop longues & trop ennuyeufes ; elles feroient trop foibles fans le fecours des preuves certaines, claires & évidentes que nous avons employé & ce n'eft qu'avec ce feul fecours, que nous ofons nous flatter d'avoir démontré que le P. Cadiere ne peut-être inculpé ni foupçonné d'avoir comploté contre le P. Girard en aucun tems de fa Direction, avant l'entrée de fa Sœur dans le monaftere, lors qu'elle y a demeuré, & après qu'elle en eft fortie : qu'elle a été à la candeur, la bonne foy de ce Religieux dans toutes les démarches qu'il a fait durant le cours de ces trois tems : qu'il n'a compofé ni les Lettres ni les mémoires, & qu'il n'y a mis du fien que fa feule écriture en prêtant innocemment la main à fa Sœur.

Nous croyons encore d'avoir fuffifamment prouvé le double perfonnage qu'a foûtenu le P. Girard pendant tout ce tems, & les artifices criminels dont il s'eft fervi pour tromper non feulement fa Pénitente, mais fa Famille, une Communauté entiere de Religieufes, Mr. l'Evêque & toute la Ville de Toulon : Comment le P. Cadiere n'auroit-il pas été trompé ? Nous avons enfin découvert la fauffeté des principes, l'abfurdité de la fin qu'on a employé pour le charger de ce prétendu complot par une Recrimination inoüie de la part d'un Coupable d'auffi grands crimes que l'eft ce faux Directeur.

Que nous refte-t'il à faire, fi ce n'eft de fuplier la Cour de vouloir reflechir un moment fur le caractére & la qualité des parties de ce fameux procez. Pourra-t'elle croire qu'une famille de l'état, de la mediocrité de celle de la Demoifelle Cadiere, ait eu le courage de former un complot contre un Jefuite tel que celui-ci, pour s'endoffer la formidable Societé, & cela pour fe ruiner, pour confumer tout fon bien, pour fe deshonnorer, & s'expofer aux fuites d'un évenement incertain. Quelle difparité ! Quelle difproportion !

Nos Adverfaires le fentent bien, lorfque fuivent leurs artifices accoûtumés, ils repandent par tout par eux & par leurs Emiffaires, que c'eft icy une affaire de parti, que cette famille a de l'argent autant qu'elle veut pour la pourfuite de ce procés, qu'elle y gagnera, & qu'elle doit s'enrichir. Supofition ordinaire dans toutes les accufations qui fe font élévées contre des membres de la Societé ; mais trop groffiere dans les circonftances dont il s'agit. A qui pretend-on perfuader qu'une Mere, que des Freres gens de bien, gens irreprochables de l'aveu de trente mille perfonnes qu'il y a dans Toulon, ayent été capables de vendre à prix d'argent l'honneur, d'une Fille, d'une Sœur contre la quelle la plus effrénée médifance n'a pû trouver de quoy ombrager fa conduite avant la Direction du P. Girard ? Qu'ils ayent pû fe determiner par de fi deteftables motifs de venir la livrer entre les mains de la Juftice, pour en faire la victime infame de leur avarice. Un fi étonnant projet peut-il être envifagé fans horreur,

peut-on enfin pardre de vûë de quelle confequence eft cette affaire. Il ne s'y agit de rien moins que de decider de l'intereft de la Religion, & du falut des Vivans & des Morts. Quelle idée auroit-on de nôtre Religion fi l'abus de l'un des Sacremens le plus indifpenfable pour mener à Dieu, reftoit impuni ? Quelles Filles feront déformais en fûreté fi après de fi horribles attentats, les faux, Directeurs, les Directeurs charnels, peuvent fe flatter que la Juftice baiffe les yeux fur des crimes fi deteftables ? Quel fort les mourans fi méchamment abufés par des maximes fi corrompues attendront-ils de la Juftice Divine après leur mort ; c'eft Dieu-même qui demande aujourd'hui celle des Juges de la terre pour retenir la fienne, pour faire punir l'infulte qu'on lui a fait, pour conferver l'intereft de fon Culte & de fa Religion ; c'eft la main de Dieu qui a fait porter cette affaire devant des Juges Chrêtiens ; pieux, integres, éclarés, pour venger fa caufe & le fcandale donné au public ; c'eft fa providence qui pour abbatre l'orgüeil, les artifices de nos Adverfaires, & leur temeraire confiance qu'on doit les proteger en toute occafion, a voulu juftifier jufqu'aux reproches que nous avons lieu de leur faire, & que Dieu-même a fait contre ceux qui trahiffent la verité ; reproches qui leur conviennant fi bien après tous les mouvemens odieux qu'ils fe font donnés pour noircir des Innocens, & rejetter fur eux les crimes du Coupable : *Ut quid diligitis vanitatem & quaritis mendacium. Subvertet grando fpem mendacii & protectionem aquæ inundabunt.* Ifay. 28. Conclud comme au Procez.

F. ESTIENNE THOMAS CADIERE.
FOUQUE Avocat.
J. SIMON Proc.

9 782329 664736